Tanja Klein & Ruth Urban
Coach, your Marketing
Authentisches Marketing für Coaches

Ausführliche Informationen zu jedem unserer lieferbaren und geplanten Bücher finden Sie im Internet unter ↗ http://www.junfermann.de. Dort können Sie unseren Newsletter abonnieren und sicherstellen, dass Sie alles Wissenswerte über das Junfermann-Programm regelmäßig und aktuell erfahren. – Und wenn Sie an Geschichten aus dem Verlagsalltag und rund um unser Buch-Programm interessiert sind, besuchen Sie auch unseren Blog: ↗ http://blogweise.junfermann.de.

TANJA KLEIN & RUTH URBAN

COACH,
YOUR MARKETING

AUTHENTISCHES MARKETING FÜR COACHES

EIN PRAXISHANDBUCH

Mit einem Vorwort von Dirk W. Eilert

Junfermann Verlag
Paderborn
2012

Copyright	Junfermannsche Verlagsbuchhandlung, Paderborn 2012
Coverfoto	© Don Bayley – iStockphoto.com
Covergestaltung / Reihenentwurf	Christian Tschepp
Satz	JUNFERMANN Druck & Service, Paderborn

Bibliografische Information der Deutschen Bibliothek

Die Deutsche Bibliothek verzeichnet diese Publikation in der Deutschen Nationalbibliografie; detaillierte bibliografische Daten sind im Internet über http://dnb.ddb.de abrufbar.

ISBN 978-3-87387-892-1

Dieses Buch erscheint parallel als E-Book (ISBN 978-3-87387-906-5).

Inhalt

Übersicht: Check-Boxen

Authentizitäts-Check-Box für Ihre Fotos (Kapitel 4.2.3)

Internet-Check-Box (Kapitel 7.1.3)

Foto-Shoot-Check-Box (Kapitel 7.1.5)

Check-Box: Google-AdWords, Ihre Kleinanzeige im Netz (Kapitel 7.2.3)

Check-Box: Die Möglichkeiten bei YouTube wenigstens ansatzweise nutzen (Kapitel 7.3.4)

Exposé-Check-Box (Kapitel 7.3.6)

Fernsehauftritts- und Vermarktungs-Check-Box (Kapitel 7.4.6)

Check-Box: Was Sie sich und Ihren Kunden ersparen können (Kapitel 8.2.2)

Für Hawe

Du hast mir wunderbar gezeigt, was wirklich mit
„In guten wie in schlechten Zeiten" gemeint ist. Danke, danke, danke!

(Tanja)

Für Peter,

den Mann an meiner Seite.

(Ruth)

Vorwort

Können potenzielle Klienten erkennen, dass Sie der richtige Coach für ihr Anliegen sind?

Als Leiter der wingwave-Akademie Berlin fällt mir in unseren Ausbildungen immer wieder auf, dass viele Coaches Schwierigkeiten haben, sich stimmig zu positionieren und Klienten zu gewinnen. Zudem fällt es den meisten Coaches schwer, sich in ihrer Arbeit auf eine Zielgruppe bzw. ein Themenfeld auszurichten – zu vielfältig erscheint das eigene Angebot.

Aus meiner Erfahrung weiß ich, dass meist die Coaches erfolgreich sind und einen gefüllten Terminkalender haben, die sich in ihrem Marketing klar ausrichten und dies auch authentisch kommunizieren. Zum Thema Positionierung gibt es mittlerweile viele Bücher, doch die mindestens genauso wichtige Frage bleibt meist unbeantwortet: „Wie kommuniziere ich meine Positionierung authentisch nach außen?"

Diese Lücke schließen die Autorinnen Tanja Klein und Ruth Urban mit ihrem kurzweiligen und inspirierenden Buch. Die beiden schöpfen dabei aus ihrer reichhaltigen Erfahrung als Marketing-Coaches und aus der geballten Fachkompetenz, die jede für sich durch ihre individuelle berufliche Laufbahn entwickelt hat. Die Fülle von Praxisbeispielen macht dieses Buch zu einem wertvollen Nachschlagewerk, von dem man sich immer wieder anregen lassen kann.

Sich der Notwendigkeit einer Positionierung und der gewünschten Marketingstrategie bewusst zu sein reicht aber nicht aus. Aus diesem Grund ist der Brückenschlag zwischen Coaching- und Marketingwissen, den Tanja Klein und Ruth Urban mit diesem Buch geschafft haben, genial. Denn wer kennt nicht das leidige Phänomen: klare Sicht – gefühlte Barriere? Man weiß genau, was man tun will, aber tut es dann doch nicht. Eine Marketingstrategie muss auch umgesetzt werden und an diesem Punkt wird der Leser in den meisten Büchern zum Thema alleingelassen. Nicht so hier: Das Kapitel, in dem es darum geht, eigene Sabotagemuster und hindernde Glaubenssätze im Marketing zu erkennen, ist für jeden Leser eine Fundgrube an Themen, die reflektiert und gegebenenfalls bearbeitet werden können. So wird aus der gefühlten Barriere der gefühlt freie Weg, der authentisch gegangen werden kann. Erst auf dieser Grundlage macht es Sinn, Marketingstrategien zu entwickeln.

Ich selbst habe mein eigenes Marketing über viele Jahre hinweg durch Versuch und Irrtum entwickelt. Mit dem Wissen aus diesem Buch hätte sich diese Entwicklung sicher deutlich beschleunigen lassen und ich hätte einige Jahre gespart.

Ich wünsche Ihnen beim Lesen und Durcharbeiten viele Inspirationen und früchte-
tragende Ideen.

Dirk W. Eilert
NLP- und wingwave®-Lehrtrainer,
Business-Coach für systemische Kurzzeit-Konzepte,
Heilpraktiker für Psychotherapie

1. | Jeder Anfang ist schwer – und jedem wohnt ein Zauber inne

TANJA: Das druckfrische Zertifikat an der Wand, einen Namen für die Coaching-Firma, Internetauftritt, Visitenkarten und einen Flyer vor mir auf dem Tisch. „Wow, jetzt kann es losgehen. Klienten, macht euch auf den Weg zu mir!" Ich saß am Schreibtisch, starrte auf mein brandneues, dienstliches Telefon. Mein Handy nahm ich sogar mit ins Bad, um ja keinen Anruf zu verpassen.

Doch wochenlang kam keiner ...

Meine fachliche Qualifikation war gut, daran konnte es nicht liegen. Auch meine Werbung fand ich gut – schließlich war ich IHK-geprüfte Fachkauffrau Marketing mit vielfältiger beruflicher Erfahrung in dem Bereich. Als ich jedoch auch nach mehreren Monaten gerade mal eine Handvoll Klienten hatte, musste ich mir eingestehen, dass irgendetwas nicht passte. Es kamen insgesamt viel zu wenige Menschen zu mir, von denen wiederum viel zu wenige meiner Wunschzielgruppe angehörten.

Eines Tages zeigte mir eine Klientin stolz ihren neuen Flyer. Ich war begeistert! Am gleichen Tag erhielt ich das Angebot, als Bewerbungsexpertin bei RTL aufzutreten. Als ich hörte, dass diese Marketingspezialistin sich ebenfalls mit der Selbstdarstellung in Medien auskannte, griff ich zum Telefon. So führte mein erster Fernsehauftritt auch zur ersten Begegnung mit Ruth Urban.

Sie beriet mich rund um den Auftritt und schnell war klar, wir hatten eine gemeinsame Wellenlänge. Am besten erinnere ich mich aus dieser Anfangszeit aber noch daran, wie Ruth meinen Flyer betrachtete. Ich sehe sie immer noch kopfschüttelnd vor mir stehen. Nach drei bis vier schmerzhaften Fragen zu meinem Marketing wurde mir klar: Hier muss ich noch mal ganz neu ansetzen!

RUTH: Dass wir schließlich Tanjas ganzen Auftritt bis zum PowerPoint-Folienmaster komplett auf den Kopf stellen würden, habe ich zu Beginn auch nicht gedacht. Doch am Ende war dann alles aus einem Guss – absolut professionell.

TANJA: Und plötzlich passte mein Marketing zu der Qualität meiner Arbeit und, oh Wunder: zu mir!

RUTH: Während dieser Zusammenarbeit wurde mir klar, wie viel „Kopfsache" Marketing eigentlich ist. Und wie viel effektiver meine Arbeit sein kann mit einem so vielseitigen Coach an meiner Seite! Unsere Kunden waren da schneller und sahen sofort die Vorteile unseres Doppelpacks. So entstanden unsere ersten Marketing-Coachings.

TANJA: Ruth als „Marketeer" und ich als Coach wurden ein Dreamteam. Heute ist die Hälfte von Ruths Büchern Coaching-Literatur und ich verstehe deutlich mehr vom Marketing.

RUTH: Zusammen geben wir Seminare, viele Marketing-Coachings und tja, schreiben auch dieses Buch gemeinsam. Wir wünschen Ihnen, dass dies das letzte Marketingbuch ist, das Sie (vielleicht unfreiwillig) lesen müssen. Und dass Sie künftig von den Kunden gefunden werden, die zu Ihnen passen.

2. | Wie Sie das Maximale aus diesem Buch herausholen

Uns ist wichtig, alle Leserinnen und Leser optimal anzusprechen. Da wir alle die Welt ganz individuell wahrnehmen, wird auch jeder von Ihnen unterschiedlich an dieses Buch herangehen. Jeder wird seine ganz eigenen Lese-Erwartungen haben. Dem wollen wir versuchen Rechnung zu tragen. Deshalb schlüsseln wir im Folgenden auf, für welchen Wahrnehmungstyp auf welche Weise bestimmte Lese-Bedürfnisse erfüllt werden. Wir haben uns dabei einer Einteilung aus dem Neurolinguistischen Programmieren (NLP) bedient, das Menschen in (hauptsächlich) visuelle, auditive, kinästhetische, olfaktorische und gustatorische Wahrnehmungstypen einteilt. Für alle, denen NLP (noch) nicht allzu viel sagt: Diese Methode beschäftigt sich mit der Frage, welche Faktoren unser Erleben steuern und wie wir unsere Erfahrungen selbst hervorbringen. Mit anderen Worten: NLP widmet sich dem Studium der menschlichen Subjektivität.

TANJA: In meinen Vorträgen ergänze ich dies gerne durch den Hinweis, dass NLP eine Art „Bestenauslese von Methoden" ist. Sie entstand 1974, als zwei schlaue Männer sich angesehen haben, was die besten Therapeuten anders machen als die anderen. Dieses Wissen wurde von Richard Bandler und John Grinder „kochrezeptartig" niedergeschrieben und somit für alle Menschen verfügbar gemacht.

Wenn Ihnen die NLP-Typisierung auf Anhieb nichts sagt: Nicht schlimm! Lesen Sie einfach die folgenden Abschnitte – und Sie werden erkennen, was für Sie von Bedeutung ist.

Für „Überflieger" (also für die eher visuellen-Leser):

Sie sehen wenig freie Zeit in Ihrem Terminkalender und lassen Ihre Augen am liebsten über vier Bücher gleichzeitig wandern? Sie wollen mit Ihrer Zeit gut haushalten und nur das Wichtigste kurz anschauen?

Für Sie gibt es ein detailliertes Inhaltsverzeichnis und wir haben viele Zwischenüberschriften eingefügt und hilfreiche „Coaching-Check-Boxen" erstellt. So haben Sie einen guten Überblick und können für sich schnell mehr Klarheit gewinnen.

Für auditive Leser:

Während diese Zeilen auf dem Papier bei Ihnen Gehör finden, wünschen Sie sich vielleicht eine Hörbuchfassung? Wir arbeiten daran. Doch bis es so weit ist, hilft Ihnen vielleicht die folgende Idee: Könnte Ihnen jemand das Buch vorlesen? Wenn nicht: Einige Auszüge haben wir für Sie als Podcast auf unserer Internetseite ↗ http://www.CoachYourMarketing.de eingelesen. Und für die restlichen Kapitel müssten Sie noch jemand anderes finden, der Ihnen diese Zeilen intoniert.

Für Genuss-Leser und „Mit-dem-Stift-Abhaker"
(also die eher Kinästetischen-Leser):

Sie lesen gerne Satz für Satz und fühlen sich erst wohl, wenn Sie alles wahrgenommen haben? Für Sie haben wir jede Zeile mit viel Gefühl geschrieben und lesenswert formuliert. Falls Sie die Anregungen Schritt für Schritt abarbeiten wollen, stehen Ihnen zur Kontrolle am Ende vieler Kapitel die Coaching-Check-Boxen zum Abhaken zur Verfügung. So können Sie im Handumdrehen alles Wissenswerte wiederholen und vorhandene Lücken feststellen.

Für olfaktorische und gustatorische Leser:

Leider ist es uns nicht gelungen, den Verlag davon zu überzeugen, die Seiten mit Sandelholzduft einzusprühen und bei der Papierherstellung Schokostreusel untermischen zu lassen ... Vielleicht gelingt uns dies bei der nächsten Auflage ☺.

Erlauben Sie uns noch einige allgemeine Hinweise:

Wir haben alle Zeilen sorgfältig überlegt und nach bestem Wissen und Gewissen geschrieben. Und dennoch ist nicht hundertprozentig auszuschließen, dass es an der einen oder anderen Stelle zu Missverständnissen kommen könnte. Auch Fehler können passieren, selbst wenn noch so viele Menschen das Geschriebene gegenlesen. Natürlich können wir auch keine Haftung für unsere Ideen übernehmen, zumindest nicht in dem Sinne, dass wir Ihnen Erfolg *garantieren* können. Wir können Ihnen allerdings weitergeben, dass viele Menschen durch authentisches Marketing und unsere kreativen Ideen mehr Kundenaufträge gewonnen haben. Und dass diese neu gewonnenen Klienten nun auch besser zu ihnen passen.

Für jedes Druckerzeugnis gilt: Sobald es auf den Markt kommt, ist es eigentlich schon veraltet. Wir haben vom Mai 2011 bis zum Februar 2012 an diesem Buch gearbeitet. Wir wollen möglichst echte Praxisbeispiele verwenden, weil die Energie von echten Coaches eine ganz andere ist als die eines „Max Mustermann". Doch gerade im Marketing ändern sich ständig Inhalte, Ziele, Zielgruppen, Internetauftritte und vieles mehr. Sehen Sie deshalb unsere Praxisbeispiele als das an, was sie sind: echtes Leben – auf dem Stand vom Februar 2012. Bei allen vorgestellten Coaches wird es zu Veränderungen und Entwicklungen kommen. Und vielleicht ist es für Sie sogar spannend zu sehen, wie aus so manchem Marketingverweigerer über die Jahre plötzlich ein sehr aktiver Marketeer wurde. Sehen Sie sich gerne alle Internetseiten und Filme dieser wunderbaren Menschen an. Sie existieren wirklich.

Alle Kollegen, die in diesem Buch vorgestellt werden, treten unter ihrem echten Namen auf, wofür wir sehr dankbar sind. Sollten Sie mehr über unsere Beispiel-Coaches wissen wollen, dann fragen Sie bitte uns! Wenn Sie jedoch Aufträge für einen der Coaches haben, wenden Sie sich gerne direkt an sie selbst.

Dann noch ein paar Worte zu den Check-Boxen in diesem Buch: Da nicht jeder gerne in Bücher schreibt, haben wir Ihnen alle Check-Boxen auch online zum kostenlosen Download zur Verfügung gestellt: ↗ http://www.active-books.de.

Und eine letzte Anmerkung zum Stichwort Zielgruppen-Positionierung: Zu diesem Thema gibt es einige Bücher, die sich nur damit beschäftigen, welche Nische die richtige für Sie ist, wie eine klug zugeschnittene Zielgruppe aussieht und welche Alleinstellungsmerkmale Sie herausarbeiten sollten. Wir hingegen gehen davon aus, dass Sie Ihre passende Zielgruppe schon kennen oder Sie zumindest im Auge haben, aber noch nicht wissen, mit welchen Marketingmitteln Sie diese auch erreichen können. Für alle noch „Zielgruppen-Unentschlossenen" gibt es einige Empfehlungen in unserer Literaturliste.

3. | Die häufigsten Marketing-Denkfehler von Coaches

In unseren Marketing-Coachings stoßen wir immer wieder auf „undienliche" Überzeugungen rund um das Thema Marketing. Diese stehen dem Erfolg oft unnötig im Wege. Obwohl jeder Coach seine eigenen Überzeugungen hat, gibt es doch ein paar Gedanken, die immer wieder so oder ähnlich geäußert werden.

Unsere Hitparade der häufigsten Denkfehler von Coaches zum Thema Marketing:
1. Marketing kann ich selbst machen!
2. Marketing mache ich nur, wenn ich Kunden brauche.
3. Ich brauche als Coach keine Spezialisierung.
4. Marketing darf nichts kosten.
5. Es wird sich schon rumsprechen, dass ich ein guter Coach bin.
6. Ich sollte mein Ego nicht so nach vorne stellen.
7. Vom Coaching alleine kann ich nicht leben.
8. Das Universum wird mir schon genügend Kunden schicken.

RUTH: Ganz sicher werden Ihnen einige dieser Gedanken bekannt vorkommen. Aus diesem Gedankengut erwachsen nicht nur viele falsche Entscheidungen rund um das Thema Marketing, sondern auch viele Unsicherheiten für Ihre alltägliche Coaching-Arbeit.

Allein aus ihrem beruflichen Selbstverständnis heraus sind Coaches nicht die geborenen Selbstvermarkter. Sie wollen für andere da sein und müssen sich im Prozess selbst zurücknehmen ... und würden am liebsten die Verantwortung für ihre Neukundengewinnung abgeben.

TANJA: Ich persönlich finde es sehr schade, dass oft die besten Coaches kaum für den Kunden auffindbar sind. Sie nehmen sich so weit zurück, dass Kunden statt eines Fernglases oft ein Teleskop benötigen, um den passenden Coach aufzuspüren.

Warum sind diese Gedanken aus unserer Sicht Denkfehler? Sehen wir uns diese Punkte mal der Reihe nach an:

1. Marketing kann ich selbst machen ... Und ich habe einen Cousin, der kann Internetseiten programmieren

Warum ist das ein Denkfehler? Bei einigen wenigen Coaches funktioniert das wirklich und sie sparen so einige Tausend Euro. Doch anders als beim Kuchenbacken steigt die Qualität nicht unbedingt dadurch, dass man alles „aus eigener Hand" herstellt.

TANJA: Ich habe dies am eigenen Leib erfahren. Und das, obwohl ich mich aufgrund meiner Ausbildung mit Marketing vielleicht schon besser auskenne als viele andere Coaches. Glauben Sie mir: Mit dem neuen Flyer kamen plötzlich ganz andere Klienten zu mir. Menschen, die meine Arbeit auch bezahlen konnten und mit denen ich nicht mehr über meine Preise diskutieren musste. Das war vorher nicht immer so.

Flyervergleich:

Selbst gemachter Flyer

Professioneller Flyer

Ruth: Die Kunden schließen von der Qualität Ihres Werbemittels auf die Qualität Ihrer Arbeit. Deshalb unsere Empfehlung: Lieber mit weniger Marketing- und Werbemitteln anfangen und diese von Profis gestalten lassen. Eine Beschreibung des Minimalpakets finden Sie im Kapitel 8.1.

2. Marketing mache ich nur, wenn ich Kunden brauche ... Wenn es gut läuft, kann ich damit aufhören.

Tanja: Auch dieser Gedanke war einmal Teil meines Glaubenssystems, bis ich durch meine Erfahrungen eines Besseren belehrt wurde. Als guter Coach sind Sie, je nach Thema, in wenigen Sitzungen mit einer Klientin bzw. deren Anliegen „fertig". Das heißt, dass Sie für eine gute Auslastung permanent neue Klienten benötigen.

Wenn Sie also im Januar etwas Marketing betreiben und im März wieder damit aufhören, weil genug Klienten Termine fixiert haben, laufen diese Prozesse bis etwa Juni wieder aus und Sie benötigen erneut Klienten. Wenn Sie jetzt erst wieder mit dem Marketing starten, dauert es Wochen, bis die potenziellen Neukunden davon etwas merken und sich trauen, Sie anzurufen. Nicht selten vergehen vom Moment der Flyer-Mitnahme bis zum Anruf sogar Monate! Für einen gut gefüllten Terminkalender macht es also Sinn, das ganze Jahr über kontinuierlich authentisches Marketing zu betreiben.

3. Ich brauche als Coach keine Spezialisierung ... Es ist schließlich egal, ob ich eine Entscheidung zwischen zwei Männern oder zwei Joboptionen aufstelle.

Tanja: Aus Coach-Sicht gebe ich Ihnen da absolut recht.

Ruth: Ja, wenn der Kunde nicht wäre: Der hat nämlich eine andere Sicht und kann sich ganz bestimmt nicht vorstellen, dass Ihre Methoden so gut sind, dass Sie ihm bei der Berufsauswahl und bei seinen Beziehungsproblemen gleichzeitig helfen können. Stellen Sie sich mal vor: Eine Autorin ist auf dem Gebiet Kinderbuch sehr erfolgreich. Und nun soll sie den NLP-Kanon für das 21. Jahrhunderts schreiben. Trauen Sie ihr das zu? Schreiben kann sie doch ...

4. Marketing darf nichts kosten ... Ich muss eh so viel Geld ausgeben für meine Selbstständigkeit.

Es wäre schön, wenn dieser Satz wahr wäre – auch wenn es dann noch mehr arbeitslose Webdesigner und Mediengestalter geben würde. Leider wachsen weder professionell gemachte Visitenkarten noch suchmaschinen-optimierte Internetseiten auf Ihrer Fensterbank. All das kostet Sie Geld. Jetzt die gute Nachricht: Sie können trotzdem einiges sparen, indem Sie die für sich passenden Werbemittel auswählen und das Kapitel 8.1 „Was Sie sich sparen können" gut durchlesen ☺.

5. Es wird sich schon herumsprechen, dass ich ein guter Coach bin ... Und dann werde ich über Weiterempfehlungen bald genügend Klienten bekommen.

Diese Aussage stimmt – bis auf das Wort „genügend". Je länger Sie als Coach arbeiten, umso mehr neue Klienten werden den Weg über Empfehlungen zu Ihnen finden. Einige Klienten wollen aus persönlichen Gründen aber gar nicht weitererzählen, dass sie bei Ihnen waren. Und um wirklich vom Coaching leben zu können, reicht (diese) Hoffnung alleine nicht aus.

6. Ich sollte mein Ego nicht so nach vorne stellen ... Das überlasse ich lieber den Blendern, die das nötig haben.

Viele Coaches meinen, dass schon ein Foto auf ihrer Internetseite oder im Flyer zu viel Selbstdarstellung ist. Dabei findet der erste „Chemie-Check" meist über das Foto und die persönlichen Informationen statt. Mehr dazu finden Sie im Kapitel 4.

TANJA: Ich konnte durch meine Internetstatistik bei Google Analytics nachvollziehen, dass sich meine Besucher oft mehr für mein soziales Engagement als für meine Coaching-Methoden interessieren. Das hat mich am Anfang wirklich sehr überrascht.

7. Vom Coaching alleine kann ich nicht leben ... Es ist unmöglich, den benötigten Preis für meine Arbeit zu verlangen.

RUTH: Doch, das geht. Laut der DBVC-Coaching-Marktanalyse 2011 leben 11 % aller Coaches allein vom Coaching. Tanja ist hier nur eine von vielen Coaches, die das schaffen. Es ist unser Ziel, dass Sie mit unserem Buch alle Hilfsmittel in die Hand bekommen, damit auch Sie in Kürze gut vom Coaching leben können.

TANJA: Die Frage ist aus unserer Sicht eher die, ob Sie sich selbst den Erfolg auch erlauben. Wissen Sie, wo Sie die stärkste Erfolgsbremse für Ihren Umsatz sehen können? Jeden Morgen, in Ihrem Spiegel. Ich sage immer gerne: Die Zielgruppe „da draußen" ist 100 %, denn alle können von der Arbeit eines guten Coaches profitieren. Das heißt aber auch: Zu diesen 100 % gehöre auch ich als Coach! Deshalb: Erst lösen wir diese Blockade in uns – und dann bei anderen. Mehr dazu finden Sie im Kapitel 5.3 zum Thema „Eigene Sabotagemuster erkennen".

8. Das Universum wird mir schon genügend Kunden schicken ... wenn ich nur richtig bestelle!

RUTH: Anfangs musste ich über diesen Satz lachen und konnte kaum glauben, dass er so weit verbreitet ist. Mittlerweile bleibt mir das Lachen oft im Halse stecken.

Daher fällt unsere Antwort hier etwas länger aus. Eine kleine Geschichte für alle spirituellen Coaches, die gerne die Verantwortung für ihre Neukundenakquise in Gottes[1] – oder in die Hände einer anderen höheren Gewalt – legen wollen.

Drei Boote[2]

Ein Priester saß an seinem Schreibtisch am Fenster und bereitete eine Predigt über die Vorsehung vor, als er plötzlich eine Explosion zu hören glaubte. Bald sah er auch Menschen in Panik hin und her laufen und erfuhr, dass ein Damm gebrochen war, der Fluss Hochwasser führte und die Bevölkerung evakuiert wurde. Der Priester sah, wie das Wasser auf der Straße stieg. Es fiel ihm schwer, aufsteigende Panik zu unterdrücken, aber er sagte sich: „Ausgerechnet jetzt arbeite ich an einer Predigt über die Vorsehung, da erhalte ich Gelegenheit zu praktizieren, was ich predige. Ich werde nicht fliehen. Ich werde hierbleiben und auf Gottes Vorsehung, mich zu retten, vertrauen."

Als das Wasser bis zu seinem Fenster stand, fuhr ein Boot vorbei und die Menschen darin riefen ihm zu: „Steigen Sie ein, Herr Pfarrer." „Oh nein, Kinder", sagte der Priester zuversichtlich, „ich vertraue auf die Vorsehung. Gott wird mich retten." Er kletterte jedoch auf das Dach und als das Wasser auch bis dorthin stieg, kam ein weiteres Boot voller Menschen vorbei und sie drängten den Pfarrer einzusteigen. Wiederum lehnte er ab. Dieses Mal stieg er bis in die Glockenstube.

---

1   Achtung: Provo-Coaching!

2   Aus: Anthony de Mello, 365 Geschichten, die guttun, S. 43. © Verlag Herder GmbH, Freiburg i. Br. 2006.

Als ihm das Wasser bis zu den Knien reichte, schickte man einen Polizeioffizier mit einem Motorboot, um ihn zu retten. „Nein, danke, Herr Offizier", sagte der Priester ruhig lächelnd. „Sehen Sie, ich vertraue auf Gott. Er wird mich nicht im Stich lassen."

Als der Pfarrer ertrunken und zum Himmel aufgestiegen war, beklagte er sich sofort bei Gott. „Ich habe dir vertraut! Warum tatest du nichts, um mich zu retten?" „Nun ja", erwiderte Gott, „immerhin habe ich drei Boote geschickt."

TANJA: Es bleibt dabei: Die Verantwortung für Ihren Geschäftserfolg liegt bei Ihnen! Ihnen als Coach ist das sogar noch bewusster als allen anderen Berufsgruppen. Nur wird dies im Bereich Marketing gerne vergessen.

Unser Credo: Nehmen Sie jetzt, in diesem Augenblick und mit diesem Buch Ihre Marketing-Verantwortung wieder selbst in die Hand. Und kommen Sie vom Buch in der Hand ins Handeln.

4. Verkaufe dich selbst und bleibe dir treu: authentisches Marketing

4.1 „Verkaufe dich selbst" – Was meinen wir damit?

Als Coach verkaufen Sie keine Leistung, die sofort zu sehen ist oder die sich gar anfassen lässt. Der Klient kauft ein Vorgespräch für die erste Coaching-Sitzung – oder was immer Sie im ersten Schritt abrechnen. Und damit kauft er letztendlich die Katze im Sack. Es bleibt ihm gar nichts anderes übrig, als vorab in Sie zu investieren. Im Glauben an Ihre Ausbildung und Ihre Lebenserfahrung. In der frohen Hoffnung, dass sich die „eingekaufte Zeit" auch lohnen wird. Und diese Hoffnung kann Ihr Klient nur hegen, wenn Sie sich auch authentisch zeigen.

Wikipedia definiert „Authentizität" als „echt" oder auch „zuverlässig". Unsere Klienten verlangen zu Recht, dass ihr eingekauftes Produkt sowohl echt als auch zuverlässig ist. Wenn Sie ein Markengerät kaufen, erwarten Sie ja auch ein zuverlässig funktionierendes Original – und nicht einen äußerlich zwar ganz ähnlich aussehenden, aber längst nicht so gut funktionierenden Nachbau.

Was bedeutet überhaupt „authentisch sein"?

RUTH: Was meinen Sie: Welches Bild zeigt die echte, die authentische Tanja Klein?

RUTH: Diese drei Bilder zeigen die Entwicklung, die Tanjas Marketing genommen hat: Links noch ein Bild im Stil eines Bewerbungsfotos und dazu noch in Schwarz-Weiß (gar nicht ihr Stil); mittig im Büro, ganz im Telekom-Business-Stil. Rechts dann Tanja heute, ganz sie selbst und aus sich heraus strahlend in ihrem Garten.

TANJA: Bei vielen Coaches ist das Wort Marketing negativ besetzt. Viele verstehen darunter nur „Menschen anlügen" oder „zu unnötigen Käufen manipulieren". Wir möchten Ihnen gerne anhand einer kurzen Tabelle zeigen, was wir mit authentischem Marketing im Gegensatz zu „bösem Marketing" meinen:

authentisches Marketing:	„böses" Marketing:
Macht bei echtem Bedarf aufmerksam.	Manipuliert zu unnötigen Käufen.
Verspricht nur, was es auch halten kann.	Verspricht, was zum Kauf (ver)führt.
Zeigt dem Kunden 1:1, was er bekommt – auch durch Originalbilder.	Blendet den Kunden mit dem, was sich besser verkauft, z. B. mit geschönten „Hollywood"-Bildern.
Birgt die Option, etwas im eigenen Tempo des Entscheidungsprozesses zu kaufen.	Verleitet zu schnellem Kauf.
Bietet nur echte Referenzen an.	Agiert mit gekauften Kundenstimmen.

Was bedeutet das für Sie und Ihr Marketing?

Wir zeigen Ihnen in den nächsten Kapiteln ganz entspannt, wie Sie sich so zeigen, wie Sie sind. Denn Sie wissen ja: Als Coach sind Sie das Produkt! Für viele mag das hart klingen, es ist aber wahr.

4.2 Wann ist ein Klient gewillt, das „Risiko" Coaching bei Ihnen einzugehen?

Wenn der Klient sieht, dass Sie das Geld – sehr, sehr wahrscheinlich – auch wert sind. Sie können davon ausgehen, dass er versuchen wird, dieses Risiko möglichst gering zu halten.

Wie macht er das? In der Regel wird er einige Zeit dafür aufwenden, sich ein Bild von Ihnen zu machen und zu versuchen, Ihre Persönlichkeit einzuschätzen. Beispielsweise wird er Sie „googeln", Referenzen ansehen oder einholen. Er wird Ihre Internetseite durchforsten – und das nicht nur einmal.

RUTH: Dieser Prozess wird dauern, denn Coaching ist kein Impuls- oder Spontankauf, wie eine Tafel Schokolade oder eine schöne Jacke. Der Klient will sein Anliegen, sein Problem in den richtigen Händen wissen. Daher wird er – zu seiner eigenen Absicherung – genau hinschauen, abwägen und auch neugierig auf Sie sein. So wird er Ihre Kleidung, Ihr soziales Engagement und auch Ihre Hobbys begutachten.

TANJA: Der allererste Eindruck ist der wichtigste und dieser wird keineswegs nur von der Überschrift auf der Startseite Ihrer Website bestimmt – nur um mal ein Beispiel zu nennen. Auch das Design der Seite, die Farben und der Gesamteindruck vermitteln eine Idee von der Persönlichkeit des Coaches. Der erste Abgleich, ob die Chemie stimmen kann, findet beim Betrachten Ihres Fotos statt. Ist derjenige mir sympathisch? Ist der Coach wirklich authentisch und nicht irgendein Blender oder Schauspieler?

RUTH: Und was machen viele Coaches? Spielen Verstecken auf der Homepage, so lange es geht. Denn nach einem Bild muss mancher Klient oft lange forschen. Dabei will er doch sehen, wer ihm später als Coach gegenübersitzt, wem er ganz persönliche Dinge anvertraut und von wem er sich mitfühlend die Taschentücher reichen lässt ... Drei Beispiele zeigen, was passieren kann, wenn Sie sich dabei nicht authentisch zeigen:

Beispiel 1:

Das Business-Kostüm ist Ihnen zuwider und Sie tragen am liebsten Jeans, Pulli und Birkenstocks. Glauben Sie, dass es Sinn macht, der Abteilungsleiterin einer Kosmetikfirma in dem Ihnen verhassten Kostüm „Theater" vorzuspielen?

Beispiel 2:

Sie würden gerne als Motorsport-Coach arbeiten, fahren aber privat einen japanischen Kleinwagen und wissen nicht, dass man als Rallyefahrer zu zweit im Auto sitzt? Da passt so einiges nicht zusammen ...

Beispiel 3:

Vor Ihnen steht ein Business-Klient, schöner Anzug, tolle Uhr, aber ansonsten ein Häufchen Elend. Er ist von einer Umstrukturierungsmaßnahme betroffen, wird „degradiert" und offenbart Ihnen unter Tränen, dass er seinen Dritt-Wohnsitz verkaufen muss.

Wenn Sie hingegen noch nicht einmal Ihren Erstwohnsitz abbezahlt haben, stehen Sie spätestens jetzt als Coach mit einem (sichtbaren) Fragezeichen vor Ihrem Klienten und werden sich vermutlich fragen: „Und sonst hat der keine Sorgen?!"

Dank Ihrer fundierten Ausbildung können Sie den Klienten aus den oben genannten Beispielen natürlich helfen, aber die Klienten werden Sie vermutlich nicht ernst nehmen oder sich von Ihnen nicht ernst genommen und verstanden fühlen.

4.2.1 Business-Coaching ist eine ziemlich große Verlockung

Business-Coaching ist „cool", denn es bringt richtig Geld. Laut der Unternehmensberatung Lachner Aden Beyer & Company[3] werden heute bereits mehr als 55 % der Führungskräfte gecoacht. Zudem werden diese Menschen auch als ein gut zahlendes Klientel angesehen wenn es um ihre privaten Anliegen geht.

TANJA: Doch wenn Sie es mit dieser Zielgruppe „aufnehmen" wollen, sollten Sie lieber ganz genau hinschauen. Strahlen Sie Souveränität und Erfolg aus? Sind Sie selbstbewusst genug, auch einen erfahrenen Manager z. B. mit Provokativem Coaching zu führen?

RUTH: Auch wenn Sie durch eine gute Coachingausbildung prinzipiell jeden, der zu Ihnen kommt, unterstützen können: Was zählt, ist die Wahrnehmung Ihres Kunden. Und die meisten Menschen haben – gerade auf der Suche nach einer so persönlichen Dienstleistung – eine feine Nase für Ihren „Stallgeruch".

---

3   16. LAB Managerpanel, Oktober 2008, in Zusammenarbeit mit Wirtschaftswoche: Coaching: Sinnvolle Unterstützung oder Modeerscheinung?

> **Deshalb: Bleibe dir treu!**
>
> Was haben Sie davon? – Als Coach sind dann am besten, wenn Sie einfach Sie selbst sind. Denn sich zu verbiegen lohnt auf Dauer nicht. Sie verkleiden sich, verleiden sich aber gleichzeitig die Klienten, die Sie wirklich gerne haben wollen. Nur wenn Sie sich wohlfühlen in Ihrer Haut und mit Ihrer Aufgabe, fühlt sich auch Ihr Klient gut aufgehoben.
>
> TANJA: Mein Coach-Ausbilder Oliver Müller drückt dies so aus: „Wenn ein Coachingprozess erfolgreich sein soll, gibt es drei wichtige Voraussetzungen: Erstens: Dem Coach muss es gut gehen. Zweitens: Dem Coach muss es gut gehen. Drittens: Dem Coach muss es gut gehen". Um dies zu gewährleisten, macht es Sinn, authentisch zu sein.

4.2.2 Klienten lernen am Modell

Vielleicht steht auch in Ihrem Buchregal das Standardwerk von Joachim Bauer „Warum ich fühle, was du fühlst"[4]. In diesem Buch geht es um die Entdeckung der Spiegelneurone, einer speziellen Sorte von Nervenzellen. Sie zeigt im menschlichen Gehirn das gleiche Aktivitätsmuster beim bloßen Betrachten einer Handlung, wie es entstünde, wenn diese Handlung nicht nur betrachtet, sondern selbst durchgeführt würde.

Auf uns Coaches übertragen bedeutet diese Entdeckung: Ihr Klient kann fühlen, was Sie fühlen – und umgekehrt. Ihr Klient spürt Ihre Unsicherheit, selbst wenn Sie sagen, dass Sie sich dem Anliegen gewachsen fühlen. Er merkt, wenn Sie sich im Chanel-Kostüm unwohl fühlen, obwohl Sie so tun, als ob Sie selbst zum Müll-Raustragen nicht anders angezogen sind. Erst die Spiegelneurone erlauben uns, einfühlsam zu arbeiten. Deshalb ist es doppelt wichtig, authentisch zu sein. Zum einen kann der Kunde Ihnen besser vertrauen, zum anderen können Ihre Klienten ganz unbewusst an Ihrem Beispiel lernen, wie „Authentisch-Sein" geht. Und die Qualität der Coachingprozesse verbessert sich damit auch.

TANJA: Schon mehrfach wurde mir die Frage gestellt: „Wie lernt man denn, authentisch zu sein?" Beim ersten Mal war ich wirklich überrascht, weil mir dies so normal schien. Mein Problem war früher eher, dass man mir wirklich alles ansieht. Aus diesem Grunde wurde ich in meinem „vorherigen Leben" in einem Großkonzern z. B. zu Verhandlungen mit dem Betriebsrat nie mitgenommen. Nicht nur, aber auch dieses Problem führte zu meiner Motivation, heute als Coach zu arbeiten.

---

4 Siehe Literaturempfehlungen.

Ruth: Authentizität geht natürlich weit über das Foto und den Internet-Auftritt hinaus. An diesen Beispielen lässt sich jedoch wunderbar aufzeigen, wie Ihr potenzieller Klient bei einem ersten Eindruck seine Eindrücke zu sammeln sucht.

4.2.3 Und nun kommt der springende Punkt: Warum arbeiten Sie als Coach?

Tanja: Nach dem Bild sucht der Klient gleich Ihre Antwort auf die inhaltliche Kernfrage: Warum arbeiten Sie als Coach? Geben Sie hier ausführliche Informationen, die über die Fakten Ihrer Ausbildung hinausgehen. Denken Sie daran, was dem Interessenten durch den Kopf schießen mag: „Ist der Coach für mich stimmig? Passt er zu mir und meinem Anliegen?" Und intuitiv verarbeitet Ihr Interessent auch: „Kommt der Coach authentisch rüber?" Wenn Ihr Interessent das für sich nicht alles mit einem klaren „Ja" beantwortet, wird er garantiert keinen Kontakt zu Ihnen aufnehmen.

Authentizitäts-Check-Box für Ihre Fotos:

○	Fühlen Sie sich auf Ihrem Foto wohl? Oder hatte die Chemie mit dem Fotografen nicht gestimmt? Oder haben Sie beim Shoot fürchterlich gefroren?
○	Passt die Kleidung auf Ihrem Foto zum Coaching-Setting und zu Ihnen?
○	Wirken Sie auf Ihrem Foto professionell und seriös?
○	Wirken Sie auf Ihrem Foto sympathisch?
○	Ist der Gesichtsausdruck echt? (Auf dem ersten und zweiten Foto am Kapitelanfang sieht man beispielsweise deutlich, dass Tanjas Lächeln nicht echt ist.)

Wenn Sie diese Check-Box zusammen mit unserer Foto-Shoot-Check-Box in Kapitel 7.1.5 nutzen, kann bei Ihren Fotos gar nichts mehr schiefgehen.

Achtung! Es kann sein, dass sehr viele Besucher Sie aufgrund Ihrer Internetseite, Ihres Fotos und Ihrer beschriebenen Leistung ablehnen. Wenn sich wenige Besucher, dafür aber genau die richtigen, sich angesprochen fühlen, haben Sie für Ihre Kernzielgruppe genau das richtige Profil. So bekommen Sie Klienten, die Ihre Werte teilen und deren Problemstellungen Ihnen zusagen. Und nur diese werden Sie mit sehr viel Spaß und Erfolg coachen.

Exkurs: wingwave-Coaching – Was eine Marke für den Erfolg von Coaches und Trainern leisten kann

Cora Besser-Siegmund, Inhaberin der internationalen Marke **wingwave-Coaching**

Es freut mich sehr, dass auf den folgenden Seiten dieses wertvollen Marketingbuches Coaches und Trainer vorgestellt werden, die erfolgreich mit der wingwave-Methode arbeiten. Dass sie erfolgreich sind, liegt natürlich in erster Linie an dem persönlichen Engagement jedes einzelnen Coaches und Trainers. Wichtig für die positive Resonanz von wingwave-Coaching auf Coaches und Kunden ist aber auch die Tatsache, dass ich zusammen mit meinem Mann Harry Siegmund die Methode nicht nur begründet habe, sondern im Jahre 2000 wingwave-Coaching als internationale Marke beim Patentamt als geschütztes Verfahren habe eintragen lassen.

Trainer und Coaches profitieren von der Marke

Auf dieser Basis können wir unseren wingwave-Trainern wie z. B. Dirk Eilert und allen wingwave-Coaches, die von autorisierten wingwave-Trainern ausgebildet werden, eine gleichbleibend gute Qualität und Qualitätssicherung der Marke anbieten. Wir versorgen die wingwave-Trainer und wingwave-Coaches – egal wo letztere ihre Ausbildung gemacht haben – mit aktuellen Skripts, Powerpoint-Präsentationen, mit dem Markenlogo, mit Werbeunterlagen, Homepage-Visitenkarten und vor allem mit Forschungsergebnissen über die Effektivität der Methode. Dazu bemühen wir uns erfolgreich um die wissenschaftliche Begleitung der wingwave-Methode durch verschiedene Hochschulen.

Kunden können bei uns mithilfe unserer umfangreichen Datenbank abfragen, ob Trainer und Coaches tatsächlich eine qualifizierende Ausbildung absolviert haben oder über eine Trainer-Lizenz verfügen. So sorgen wir in mehreren Ländern für gleichbleibende Qualität, was seit über zehn Jahren zum positiven Image der Marke und der Methode beiträgt. Das Vertrauen der Coaching-Kunden wird auch dadurch gestärkt, dass das Besser-Siegmund-Institut – der Organisator des wingwave-Markenauftritts – eine ISO-Zertifizierung DIN 9001 vorweisen kann. Das ist eine Qualitätsaussage, auf welche sich jeder wingwave-Coach und jeder wingwave-Trainer mit dem Verweis auf das Managementsystem unseres Instituts, welches die Marke organisiert, beziehen kann.

Wir können nicht nur die Qualität der Methode für alle Nutzer auf gleichbleibend hohem Niveau gewährleisten, sondern unterstützen unsere wingwave-Trainer und wingwave-Coaches auch in ihrer Preispolitik. Als z. B. der Internet-Schnäppchenmarkt „Groupon" wingwave-Coaches akquiriert hatte, um Coaching-Stunden für einen Dumpingpreis auf diesem Portal anzubieten, konnten wir als Markeninhaber mit einem Anruf diesen Spuk beenden. Auch für wingwave-Trainings gilt: Wegen der markengestärkten Preispolitik kann eine sehr gute Qualität mit allem „Drumherum" angeboten werden.

Die wingwave-Website als aktives Netzwerk-Instrument und als zentraler Datenpool

Ein zentraler Dreh- und Angelpunkt für den gesamten Markenauftritt ist die Marken-Homepage ↗ http://www.wingwave.com. Inhaltlich gehört sie allen wingwave-Trainern und wingwave-Coaches. Für alle stehen sämtliche Texte dieser Seite frei zur Verfügung, z. B. Kurz-Skripte zu Themen wie „Imaginative Familienaufstellung", „wingwave und Sportcoaching" oder „wingwave und Change-Management", um nur einige Themen zu nennen. Außerdem besteht die Möglichkeit, mehr als über 50 Zeitungsartikel zur Methode als PDFs für Werbezwecke downzuloaden.

Das wird fleißig genutzt – auch von Journalisten, denen hier verschiedene informative Word-Dateien über die Methode zur Verfügung gestellt werden.

Auf der Website findet man außerdem die von allen wingwave-Trainern ausgebildeten Coaches. Und natürlich findet man auch sämtliche wingwave-Trainer, mit Verlinkung auf deren eigene Webpräsenz. Wann immer mein Mann und ich in den Medien sind, Vorträge halten oder Bücher veröffentlichen, wird die Homepage erwähnt und damit Werbung für die gesamte Community gemacht, die im In- und Ausland mittlerweile mehr als 2500 Coaches und Trainer umfasst.

Welchen Vorteil hat eine Marke für Coaches?

Coaches haben – nicht nur bei wingwave – oft einen Qualitäts- und Marktvorteil, wenn Sie mit geschützten und qualitätsgeprüften Verfahren auf den Markt gehen. „Feldenkrais" oder „Reiss-Profile" sind hier weitere gute Beispiele. Möchten Trainer und Coaches sich die Mühe machen, selbst ihr geistiges Gut als Markenverfahren zu etablieren, gilt es, einige wichtige Details zu bedenken:

- Der Name für das Verfahren muss absoluten Fantasiecharakter haben, sonst akzeptiert ihn das Patentamt nicht als „Neuerfindung".
- Es sollte den Namen kein zweites Mal im Internet geben, auch im Ausland nicht.
- Sichern Sie sich eine **Wortmarke**, da hier das Wort in jeder dargestellten Form als Markenzeichen wirkt. Bei einer Wort-Bildmarke hingegen gilt das Wort nur im Zusammenhang mit dem Logo als Marke. Liegt einem das Logo sehr am Herzen, sollte man es getrennt schützen lassen.
- Der Markenname muss dann mit Qualität „aufgeladen" werden, an die sich alle Vertreter der Marke halten können.

Tritt eine Methode erfolgreich auf und findet sie viele zufriedene Kunden, wird es irgendwann „Nachmacher" geben. Wenn aber der Name der Methode gut eingeführt ist, wird jeder Kunde nach dem „Original" fragen und Trittbrettfahrer werden auf dem Markt keine große Rolle spielen.

Bei der Markenentwicklung kann ein Markenanwalt helfen, aber auch ein gutes Marketingseminar. Es lohnt sich!

5. Warum Coaches sehr erfolgreich im Marketing sein können

Diese Überschrift erstaunt Sie? Tatsächlich sind sich viele Coaches ihrer Möglichkeiten noch gar nicht bewusst. Außerdem sind sie gut darin, sich – gerade auch in Marketingangelegenheiten – gerne selbst im Wege zu stehen.

RUTH: Als wir 2008 mit der Beratung von Coaches und Trainern begannen, glaubten wir eigentlich nicht, dass Tanja anderen gegenüber mit ihrem Marketing weit voraus war. Doch kaum bekamen wir Werbemittel anderer Coaches zu sehen, wurden wir schnell eines Besseren belehrt.

TANJA: Im persönlichen Gespräch stellen wir für eine erste Standortbestimmung den Coaches oft die Frage: „Welche Menschen kann ich zu Ihnen zum Coaching schicken?" Folgen dann eine lange, gehetzt vorgebrachte Rede, hilfloses Schulterzucken oder eine heruntergeratterte Abfolge von Coaching-Methoden, wissen wir sofort: Hier steht mal wieder jemand mit seinem Marketing auf Kriegsfuß.

Es gibt eine große Gruppe Selbstständiger, die sich ebenfalls ein Stück weit „selbst verkaufen" muss und damit den Coaches sehr ähnlich ist: das sind die Handwerker.

Handwerk hat goldenen Boden? Coaching auch

RUTH: Jetzt lachen Sie nicht! Schauen Sie mal, was Sie alles gemeinsam haben: Weil sie ihr Handwerk beherrschen, sind es KFZ-Meister, die einen Blick auf Ihr Auto werfen und sagen, „Ah, die Lichtmaschine." (Und Sie denken: „Aua, das wird teuer!") Oder der Heizungs- und Lüftungstechniker schließt einen Kleincomputer an die Heizungsanlage an und weiß nach fünf Minuten, warum es bei Ihnen eiskalt ist.

TANJA: Genau wie wir Coaches beherrschen also auch Handwerker Technik und Methoden. Leider sind sie oft nicht so termintreu wie wir Coaches. Wenn sie aber einmal da sind und gut arbeiten, ändert sich wirklich etwas für ihre Kunden. Genau wie bei uns Coaches. Aber auch Handwerker hassen ihr Marketing. Jetzt die gute Nachricht: Mit authentischem Marketing, gepaart mit Ihrem Coaching-Know-how, kann man diese Einstellung ändern und beträchtliche Erfolge erzielen! Das haben wir immer wieder erlebt und in diesem Buch finden Sie viele gute Beispiele dafür. Warum?

Coaching – Ihr Traumjob

Wenn wir genau hinschauen, sind Sie als Coach gegenüber dem Handwerker stark im Vorteil: Sie haben oft schon ein Berufsleben vor der Coachingausbildung hinter sich und bringen reichlich Lebenserfahrungen mit. Sie haben Ihren Beruf als Coach ganz bewusst gewählt und nicht direkt nach dem Schulabschluss beschlossen, eine Coachingausbildung zu machen. Dieser zweite Berufsweg, die Tatsache, dass Sie Ressourcen in eine nochmalige Aus- und Weiterbildung gesteckt haben, zeigt, dass die Arbeit als Coach Ihre Herzenstätigkeit ist. Sie haben diesen Weg bewusst gewählt, weil Sie besonderen Spaß an dieser Arbeit haben und Sinnvolles tun wollen.

TANJA: Und was Ihnen so sehr am Herzen liegt, können Sie gut nach außen tragen. Oder?

Coaches sind wahre Kommunikationsprofis

RUTH: Was Handwerkern, leider nicht ganz zu Unrecht, immer wieder abgesprochen wird, bringen Sie als Coach mit: Sie kommunizieren gerne und gut! Sie wissen, dass Menschen vom Feedback leben. Darüber hinaus können Sie professionell zuhören. Das Wort „Beratungsresistenz" ist für Sie ein Fremdwort, denn Sie lernen liebend gerne dazu und verbringen viele Wochenenden im Jahr auf Seminaren.

Außerdem sind Coaches in der Regel sehr aufmerksam – sich und anderen gegenüber: Sie spüren Nuancen und mögen es, sich mit anderen Menschen auszutauschen. Das alles sollte es Ihnen einfach machen, passende Klienten „an Land zu ziehen"!

TANJA: Aber es gibt noch viel mehr Kompetenzen, die Sie als Coach gewinnbringend einsetzen können:

5.1 Nutzen Sie Ihr Coaching-Know-how jetzt mal (für sich)

Sie als Coach haben eine große Anzahl verschiedenster, hochwirksamer Coaching-Tools im Kopf. Sie setzen diese mit Bravour beim Kunden für sein Anliegen ein. Doch wie sieht es mit Ihren eigenen Anliegen aus? Wie viele Tools nutzen Sie für sich und Ihr Marketing?

TANJA: Selbst Coaching-Urgesteine schütteln bei dieser Frage oft überrascht den Kopf. Bislang sind sie gar nicht auf die Idee gekommen, diese Werkzeuge auch für ihre Marketingthemen einzusetzen.

Wie kamen wir auf die Idee, Coaching mit Marketing zu verbinden?

Wer mit jeder Faser Coach ist, der integriert seine Berufung in alle Lebens- und Aufgabenbereiche.

RUTH: Als ich erstmals hörte, dass Tanja und ihre Familie die Urlaubshotels via Aufstellung auswählen, habe ich den Kopf geschüttelt. Heute finde ich das ganz normal ... Und dass Tanja ihren gut gefüllten Coaching-Werkzeugkoffer für ihre Marketingentscheidungen öffnete, war der entscheidende Schritt nach vorn.

Wie integrieren Sie Ihr Coachingwissen ins Marketing?

TANJA: Es gibt viele Möglichkeiten, wie Ihr Coaching-Know-how Sie auch im Marketing unterstützen kann. Je nach Ausbildung hat jeder Coach die unterschiedlichsten Dinge über sich selbst, die Menschen im Allgemeinen oder auch die Welt(-Anschauungen) gelernt. Mit etwas Gehirnschmalz können Sie dieses Wissen gewinnbringend einsetzen. Hier zwei Beispiele:

Beispiel 1: Spiegeln[5] Sie die potenziellen Kunden bereits in Ihren Werbemitteln

Selbstverständlich passen wir uns im Gespräch als gut geschulte (NLP)-Coaches dem Klienten an, um für einen positiven Beziehungsaufbau zu sorgen. Doch schon vor dem ersten Kontakt kann diese Kompetenz sehr hilfreich sein – nämlich für die Gestaltung Ihrer Werbemittel. Wenn Ihre bevorzugten Klienten eher spirituell orientiert sind, erkennen diese Sie als passenden Coach an Wörtern wie „Energie", „Licht", „Seele" oder „Fügung" auf Ihrer Internetseite.

---

5 Spiegeln ist ein Begriff aus dem NLP. Damit meint man die Technik, sich dem Gegenüber z. B. mit der Körpersprache oder den verwendeten Worten anzugleichen, mit dem Ziel eines positiven Verbindungsaufbaus.

TANJA: Sie hätten gerne Klienten, die perfekt zu Ihnen passen und auch Ihre Werte teilen? Dann sollten Sie zum Beispiel als grüner Typ des Spiral-Dynamic-Modells[6] Ihr Engagement für Umweltorganisationen ausdrücklich auf der Internetseite erwähnen. Wer sich daran stört, macht Ihnen als Klient (und umgekehrt: Sie für ihn als Coach) mit einiger Wahrscheinlichkeit keine Freude.

Beispiel 2: Fragen zu stellen hilft – auch in Ihren Werbemitteln

TANJA: Coaches sind Fragen-Genies. Eine gut gestellte Frage ist oft schon Teil der Lösung. Hierfür haben wir unglaublich viele verschiedene Techniken gelernt. Von der „Wunderfrage" von Steve de Shazer bis zum Zirkulären Fragen können wir unseren Kunden unzählige Löcher im Bauch und mehr Klarheit im Kopf bescheren.

RUTH: Diese Fähigkeit sollten Sie auch für Ihr Marketing nutzen, denn Fragen „kitzeln" das Gehirn. Sie unterstellen nicht und lassen genügend Raum zur Interpretation.

Fragen auf der ersten Seite Ihres Flyers oder auf der Internetseite eröffnen den Dialog mit Ihren Interessenten. Klassiker sind: „Sie sind unzufrieden in Ihrem Job?" oder: „Sie leiden unter Prüfungsangst?"

Allein zu diesen – mir persönlich allerdings für Ihr Marketing noch zu allgemeinen – Fragen würden wahrscheinlich 70 % aller Menschen sagen, „Ja! Da kennt mich jemand. Das ist genau mein Problem!" – und weiterlesen.

Sie können mit gut gestellten Fragen Ihren Themenschwerpunkt aufzeigen und dem Klienten sofort das Gefühl geben: Das ist der richtige Coach für mich.

Fazit: Gute Fragen bringen nicht nur Ihren Klienten innerhalb des Coachings etwas. Diese passenden Fragen im Werbemittel bringen Ihnen auch noch mehr von den zu Ihnen passenden Kunden und damit Umsatz!

---

6 Spiral Dynamics (engl.) ist ein kultursoziologisches Modell von Chris Cowan und Don Beck. Der grüne Typ steht auch für die ökologische Sensibilität.

5.2 So treffen Sie mit Ihrem Coaching-Know-how die richtigen Marketingentscheidungen

TANJA: Ich zeige Ihnen an drei Beispielen wie ich meine Marketingentscheidungen zu meiner Zufriedenheit gelöst habe. Natürlich kann jeder nur mit den Methoden arbeiten, die er selbst kennt und mag. Ich z. B. nutze aktuell am liebsten folgende Coaching-Tools: wingwave, NLP, Systemische Aufstellungen, den Lösungsfokussierten Ansatz, Provokatives Coaching und EFT[7] (in genau dieser Reihenfolge). Sicherlich haben auch Sie eine ähnlich lange Liste aufzuweisen. Aus diesem Portfolio können Sie alles – wirklich alles – unterstützend für Ihre Marketingfragen und Probleme nutzen.

Sicherheitshinweis! „Dieses Buch ist ein reines Marketingbuch für Coaches. Die erwähnten Coachingformate werden nicht im Detail erklärt. Zu Ihrer Sicherheit stehen Ihnen am Ende dieses Buches weiterführende Informationen zur Verfügung. Selbstverständlich finden Sie auch viel Wissenswertes zu diesem Thema im Internet."

Beispiel 1: Welchen Coaching-Schwerpunkt nehme ich denn jetzt?

Falls Sie das Buch chronologisch gelesen haben, wissen Sie spätestens jetzt, wie wichtig dieser Punkt ist. Ich habe mit folgenden Tools mehr Klarheit erlangt:
- Brainstorming, mit welchen Klienten ich am meisten Spaß haben könnte, dann:
- Verdeckte Aufstellung der Auswahl,
- Tetralemma-Aufstellung,
- (Neuro)-Logische Ebenen (NLP).

Mit dem zuletzt Genannten habe ich den „Top-Schwerpunkt" noch einmal ganz bewusst auf allen Ebenen gespürt und konnte ihn zugleich kognitiv auf seine Sinnhaftigkeit testen.

Ein besonderer Hinweis zum Thema Aufstellung: Denken Sie daran, dass es entscheidend ist, sich vor der Aufstellung über die richtige Frage klar zu werden. Formulieren Sie diese deshalb präzise und immer, bevor Sie sich auf den jeweiligen Bodenanker „einspüren". Diese Vorgehensweise hat sich nicht nur für das authentische Auswählen des Coachingschwerpunktes bewährt. Sie können dieses Format für jede Entscheidung, z. B. auch für verschiedene Werbemittelentwürfe, nutzen.

---

7   Bei den „Emotional Freedom Techniques (EFT)" – zu Deutsch „Technik(en) für emotionale Freiheit" werden Akkupressurpunkte „beklopft".

Beispiel 2: Welchen Preis kann ich für eine Coachingsitzung verlangen?

Eigentlich wollte ich am Anfang meiner Selbstständigkeit nicht mehr als 30 Euro für die 90-minütige Coachingsitzung in Rechnung stellen. Dass ich heute ganz andere Preise mit gutem Gefühl in Rechnung stelle, verdanke ich

- der Deckungsbeitragsrechnung[8] (zum Glück war dies Teil meiner Grundausbildung bei Oliver Müller),
- der Zielaufstellung (oder auch Problemaufstellung genannt) für die Beseitigung von Blockaden und der Wahrnehmung meiner Ressourcen,
- dem ProvoCoaching durch meinem wunderbaren Kollegen André Latz.

Den für Sie stimmigen Preis können Sie auch mithilfe der Kinesiologie (z. B. Myostatiktest) oder auch einer (verdeckten oder offenen) Aufstellung herausfinden. Für NLPler kann auch ein Six-Step- oder Verhandlungsreframing sehr hilfreich sein. Oft steckt auch ein unterbewusstes Selbstwert- oder Geldthema hinter einem zu niedrigen Preis. Mehr zur Auflösung dieser konkreten Punkte finden Sie in Kapitel 5.4.

Beispiel 3: Wie lege ich ein passendes Ziel fest, z. B. für den Umsatz? Und wie erreiche ich es?

Sie wissen: Wer Ziele erreichen möchte, muss diese auch vorher definieren. Dabei helfen beispielsweise:

- S.M.A.R.T-Format (NLP),
- Visualisieren von Zielen, z. B. indem Sie den Jahresumsatz gut lesbar aufschreiben und an einem für Sie gut sichtbaren Platz aufhängen.
  Tipp: Falls Ihr Umfeld ein Problem mit der Zahl haben könnte, ist die Innenseite Ihres Kleiderschrankes eine gute Idee …

Hilfreich wären auch:

- Die Wunderfrage von Steve de Shazer: „Woran hätte ich gemerkt, dass die Fee da war und mein Umsatzziel bereits erreicht wurde?"
- Systemische Aufstellung mit z. B. dem gewünschten Umsatzziel, den gewünschten Kunden oder dem gewünschten Auto. Hier können Sie ruhig kreativ sein und aufstellen, was für Sie Relevanz hat.
- Ziel-Zustand gespürt visualisieren und mit allen Sinnen erleben.
- wingwave-Coaches unterstützen den obigen Prozess noch mit wingwave-Musik oder der Butterfly-Methode.

TANJA: So, Sie haben jetzt einige Ideen, wie Sie Ihre Marketingentscheidungen mit Coaching-Know-how vorantreiben können. Jetzt kann es eigentlich losgehen. Wieso eigentlich? Weil wir uns bzw. unserem Erfolg dummerweise oft selbst im Weg stehen.

---

8   … auch wenn das keine Coachingmethode ist.

5.3 Eigene Sabotagemuster erkennen

RUTH: In unseren Marketing-Coachings treffen wir so manches Mal auf Coaches, die ihr Marketing eigentlich schon perfekt vorbereitet haben. Nur fehlt der letzte Schritt zur Umsetzung. So ist z. B. die neu gestaltete Internetseite einfach noch nicht online, „weil sie ja noch nicht perfekt ist". Da werden wir schnell hellhörig und fragen genauer nach. Manchmal zeigt sich, dass die Internetseite super ist, die Coach-Kollegin sich jedoch fragt, ob sie schon gut genug für ihre Arbeit als Coach ist.

Viele dieser Bedenken kennt auch unser „Mauerblümchen" Krishna, das Sie in Kapitel 7.1.1 noch näher kennenlernen werden. Sein Marketing wurde z. B. durch folgende Gedanken merklich erschwert:
- „Ich darf nicht erfolgreich sein."
- „Wenn ich erfolgreich bin, werde ich meine ethischen Werte verlieren."
- „Geld verdirbt den Charakter."

TANJA: Ich behaupte mal, dass 99,9 % der Coaches ähnlich einschränkende Gedanken haben wie Krishna. Diese Sätze sind oft unterbewusst und deshalb umso wirksamer.

RUTH: Lass mich raten, du gehörst zu den 0,01 %, oder?

TANJA: Ganz sicher nicht. Aber es werden jedes Jahr weniger einschränkende Gedanken.

RUTH: Und ich schätze mal, dass auch jedes Jahr wieder unbemerkt neue hinzukommen …

TANJA: Tja, es gibt gute Gründe, weshalb ich regelmäßig Supervision nutze. ☺

Ihre Glaubenssatz-Inventur

Wir sind in unseren Marketing-Coachings auf eine Vielzahl sabotierender Glaubenssätze gestoßen. Vielleicht treffen einige davon auch auf Sie zu? Wir haben Ihnen die 26 „beliebtesten" Sätze zusammengestellt, die uns in unseren Coachings am häufigsten begegnet sind. Bitte lesen Sie sich die folgenden Aussagen gut durch und spüren Sie ganz bewusst, welche davon auf Sie zutreffen. Natürlich können Sie die bei Ihnen „zu-treffenden" Sätze auch mit einem kinesiologischen Test herausfinden (lassen). Kreuzen Sie die bei Ihnen „aktiven" Sätze an. Am Ende des Kapitels verraten wir Ihnen dann, wie Sie diese mit Ihrem Coaching-Know-how auflösen können.

Glaubenssätze rund um das Thema Marketing

☐ Nr. 1 „Marketing ist blöd." Oder gar: „Marketing ist böse!"

Generell ist für viele Coaches das Thema Marketing negativ besetzt. Irreführende Werbung hat einen hohen Aufmerksamkeitswert. Foodwatch kürt zum Beispiel jedes Jahr die „dreisteste Werbelüge"; 2011 wurde die „Milchschnitte" ausgezeichnet. Aus gutem Grund: Ferrero bewirbt sie als leichte Zwischenmahlzeit. Dabei besteht sie zu beinahe 60 % aus Fett und Zucker!

RUTH: Authentisches Marketing lässt so eine Art der Werbung nicht zu!

☐ Nr. 2 „Um für mich zu werben, muss ich lügen."

Viele Menschen glauben, dass ein ehrliches und authentisches Marketing nicht möglich ist. Der erste entlastende Schritt für viele Coaches in unseren Seminaren ist die Erkenntnis, dass dieser Gedanke nicht wahr ist. Es reicht völlig aus, sich selbst zu zeigen, so wie man ist. Unverstellt. Nicht perfekt. Menschlich.

TANJA: Eine für uns überraschende Erkenntnis des Buchprojekts war es, dass es manchem Coach große Bauchschmerzen bereitet, sich authentisch zu zeigen. Warum? Authentisch für sich werben kann man nur, wenn man selbst weiß, wer man ist! Und wenn ja, wie viele ...

RUTH: Seien wir mal ehrlich: Diese Frage ist für niemanden so leicht zu beantworten. Viele eurer Klienten kommen genau mit diesen Fragen zu euch ...

TANJA: Ja, stimmt. Aber umso wichtiger ist es, für sich selbst herauszufinden, wer man ist – und zwar bevor man dies für seinen Klienten herauszufinden versucht!

☐ Nr. 3 „Marketing ist gefährlich."

In dem Moment, in dem ich mich als Coach durch mein Marketing dem Markt (= den potenziellen Kunden) zeige, laufe ich Gefahr, angriffen zu werden.

Es ist viel leichter, auf sichtbare Ziele zu schießen.

Für viele Coaches ist es ein ganz schlimmes Gefühl, plötzlich sichtbar zu sein. Bekannte und Fremde haben mehr Angriffsfläche, je mehr man über sie z. B. im Internet findet. Ihre Kollegen werden genau hinschauen, was sich bei Ihnen tut. Und was wird Ihre Mutter denken, wenn Sie diese Bluse beim Foto-Shoot anhatten? Oder der verarmt lebende Onkel liest, dass Sie doch glatt 150 Euro für eine Coachingstunde verlangen? Oder jemand gibt Ihnen das ungute „Milchschnitten-Gefühl" und behauptet, Sie seien eine Mogelpackung, nämlich gar nicht so gut, wie Sie es in Ihrem Werbemittel behaupten.

Ruth: Unsichtbarkeit ist keine Alternative für einen Coach, der von Klienten gefunden werden will – wenn nicht sogar muss.

Tanja: Und zum Glück können wir uns den dazugehörigen Stress ja mit unseren Coachingmethoden selbst vermindern ☺.

Glaubenssätze zu Ihrer Person

☐ Nr. 4: „Ich bin nicht gut genug." Oder: „Ich bin ein schlechter Coach."

Gerade als frisch gebackener Coach wissen Sie ja noch nicht, ob Sie wirklich gute Arbeit leisten. Natürlich haben Sie in der Ausbildung viele Erfahrungen gemacht. Doch selbst wenn diese positiv waren, zweifeln Sie vielleicht trotzdem daran, ob Sie für den „handelsüblichen" Kunden gut genug sind. Und so lange Sie davon überzeugt sind, können Sie diesen Glaubenssatz natürlich nur schwer widerlegen.

Tanja: Dieser Glaubenssatz trifft oft auch auf Coaches zu, die schon Hunderte von Klienten erfolgreich unterstützt haben, und hat seinen Ursprung oft ganz woanders. Zusätzlich schlägt bei jedem Seminar die „Fortbildungsfalle" zu. Denn bei jedem Seminar lernen wir neue Kollegen und Ausbilder kennen, bei denen wir so manches Mal das Gefühl bekommen: „Die sind besser als ich". Dann rennen wir weiter von Seminar zu Seminar, um noch besser zu werden, und finden garantiert immer jemanden, der vermeintlich doch noch mehr kann als man selbst. Ein Teufelskreis.

> **Achtung – Provokation!**
>
> Wir werden nie gut genug sein, um das viele Geld für unsere Ausbildungen durch Coachings wieder zurückzuverdienen …, wenn wir nicht endlich mit dem Mythos aufräumen, nicht gut genug zum Coachen zu sein.
>
> **Ruth:** Ich gebe hier einen sehr einfach Rat: Streichen Sie mal Ihr Ausbildungsbudget um die Hälfte und investieren Sie das gesparte Geld in Ihr Marketing.

Leider gibt es noch viel mehr Möglichkeiten, sich selbst und seinem (Marketing)-Erfolg im Wege zu stehen. Das zeigt die folgende Aufzählung häufig verinnerlichter Sätze:

☐ Nr. 5 „Ich verdiene nur Schlechtes."

Natürlich nicht ☺ – Und trotzdem taucht so etwas manches Mal unterbewusst in uns auf.

☐ Nr. 6 „Ich bin nicht vertrauenswürdig." Und: „Ich kann mir selbst nicht trauen."

Gerade diese Sätze sind für Sie sehr ungünstig, weil Ihr Kunde spüren kann, dass Sie unbewusst davon überzeugt sind. Der Erfolg des Coachingprozesses könnte darunter leiden.

☐ Nr. 7 „Ich kann keinen Erfolg haben."

Mit diesem Satz wird es Ihnen sicherlich noch schwerer fallen, erfolgreich zu sein.

☐ Nr. 8 „Ich bin hilflos."

Gerade für Sie als Coach, mit gut gefülltem Werkzeugkoffer, stimmt dieser Satz überhaupt nicht! Aber trotzdem kann es sich in uns so anfühlen.

☐ Nr. 9 „Ich bin dumm."

Ganz sicher nicht! Denken Sie nur an Ihre vielen Fortbildungen.

☐ Nr. 10 „Ich bin unwichtig."

Na, für Ihre Freunde und Familie ganz sicher nicht.

☐ Nr. 11 „Ich bin eine Enttäuschung."

Für wen? Weshalb? Also, wir finden Sie großartig! Schon allein, weil Sie sich um das Thema Marketing freiwillig kümmern.

☐ Nr. 12 „Ich kann nicht bekommen, was ich will."

Das ist natürlich ungünstig. Wie schön, dass Sie diesen Gedanken mit Coaching schnell ändern können und dass dann auch im Außen einige positive Veränderungen entstehen können!

☐ Nr. 13 „Ich bin ein Versager."

Kein Klient ist für Sie ein Versager. Weshalb sollten Sie einer sein?

☐ Nr. 14 „Ich muss perfekt sein."

Dieser Satz ist bei vielen Menschen fest verankert. Oft sogar ganz bewusst! Nicht umsonst gibt es unzählige Vorträge und Bücher dazu.

Hier nur zwei Denkanstöße:
- Kennen Sie einen Menschen, der perfekt ist?
- Wenn ja: Finden Sie diese Person sympathisch?

TANJA: Ich leiste mir zum Beispiel meine Rechtschreibschwäche, sogar auf der Internetseite. Meine Klienten verfügen oft noch nicht über das große Selbstbewusstsein und trauen sich eher zu mir, wenn ich mich auch fehlbar zeige.

☐ Nr. 15 „Ich habe etwas verkehrt gemacht."

Was auch immer das wahr – bitte lösen Sie diesen Satz auf. Auf Dauer weckt dieses Gefühl kein Vertrauen bei Ihrem Klienten.

RUTH: So – ein paar Erfolgsblockaden haben wir noch. Diese sind besonders wichtig, wenn Sie vom Coaching leben wollen. Jetzt geht's weiter mit:

Glaubensätze rund um Preise, Geld und Wertigkeit

☐ Nr. 16 „Ich muss mich schämen, so einen hohen Sitzungspreis zu verlangen."

Der „gerechte" Preis unserer Arbeit liegt meist sehr viel höher, als die meisten Coaches sich das vorstellen können. **TANJA:** Meinen Preis zu nennen, ohne dabei rot zu werden, war auch für mich am Anfang nicht einfach ... Sehr witzig fand ich den Spruch eines „weisen" Mannes dazu: „Learning by Earning". Und so ist es ja. Wir lernen bezahlt dazu. Und dieses Wissen unterstützt wieder den nächsten Klienten.

☐ Nr. 17 „Geld verdirbt den Charakter."

Wer kennt nicht Menschen, die reich sind und dabei sehr angeberisch, überheblich oder extrem unsympathisch? Gegenfrage: Kennen Sie auch einen solchen Menschen mit wenig Geld? Ganz bestimmt. Solange dieses Gedankengut in Ihnen keimt, kann es Sie leider auch stark vom monetären Erfolg abhalten.

☐ Nr. 18 „Geld ist schmutzig / schlecht."

Geld ist einfach nur Geld. Ein Tauschmittel, das Optionen eröffnet.

☐ Nr. 19 „Geld macht unglücklich."

Okay – wenn das so ist, dann würde ich mal gedanklich die Alternative durchspielen. Und zwar mit allen Sinnen! Oft ist dies nur ein nicht zutreffender Gedanke, den Sie schnell wieder loswerden können und sollten. Gerade bei Frauen auch beliebt: „Wenn ich mehr verdiene als mein Mann, bekomme ich Ärger oder werde verlassen."

☐ Nr. 20 „Viel Geld ist eine Belastung."

Das können Sie gerne Ihrem Steuer- und Anlageberater überlassen.

☐ Nr. 21 „Was so viel Spaß macht, darf kein Geld bringen."

TANJA: Mit diesem Satz habe ich mich am Anfang auch herumgeschlagen. Doch irgendwann kam dann der heilsame Gedanke: „Okay, ich würde es auch umsonst machen, aber wer zahlt dann meine Miete, das Essen und die Fortbildungen?"

☐ Nr. 22 „Von Coaching kann ich nicht leben."

Wenn Sie gut ausgebildet sind und sich den Erfolg auch erlauben, dann braucht es aus unserer Sicht nur noch authentisches Marketing und ein Quäntchen Glück. Jetzt kennen wir natürlich nicht Ihren Lebensstandard, aber für ein Dach über dem Kopf, einen vollen Magen und regelmäßige Fortbildungen wird es allemal reichen.

☐ Nr. 23 „Ich bin wertlos." Oder: „Ich bin es nicht wert, dass ..."

Solange Sie dieses Gefühl in sich tragen, fällt es ganz schwer, einen gerechten (= höheren) Preis für Ihre Arbeit zu nehmen.

TANJA: Aus meiner Sicht sollte jeder Existenzgründer, egal welcher Branche, erst mal diesen Glaubenssatz überprüfen – und auflösen lassen.

Glaubenssätze über Ihre Arbeit als Coach

☐ Nr. 24 „Ich muss als Coach (auch) kostenlos arbeiten / helfen."

Abgesehen von Ihrer Miete gibt es natürlich auch noch einen sehr guten Grund, der aus Coaching-Sicht dagegen spricht: Systemausgleich. Es fühlt sich für Ihren Klienten nicht gut an, wenn er etwas von Ihnen bekommt, ohne etwas als Ausgleich zu geben.

Tanja: Ich unterstütze auch sehr gerne Menschen, die nicht so viel Geld haben. Ich löse das, indem ich z. B. zum Klienten sage: „Sie kommen, wenn Sie ein Coaching brauchen, und Sie zahlen es, wenn Sie können."

☐ Nr. 25 „Coaching belastet mich seelisch (zu sehr)."

Das kann man ändern: Bitte prüfen Sie für sich, ob Sie vielleicht Ihren Selbstwert an Ihren Ergebnissen als Coach messen oder ob Sie vielleicht in Resonanz mit dem Kundenanliegen gehen. Dann gibt es vielleicht noch Bedarf an Supervision. Falls Sie dies nicht ändern können, sollten Sie nach einem anderen Beruf Ausschau halten, um einem Burnout vorzubeugen.

☐ Nr. 26 „Ich muss meine Klienten retten."

Nein – das ist nicht Ihr Job. Und das können Sie auch gar nicht. Das muss schon der Klient selbst wollen – und selbst tun. Sie dürfen nur unterstützen.

Tanja: Früher hatte ich ein ausgeprägtes Helfersyndrom. Schon während der Coachingausbildung wurde es merklich besser. Der Buchtipp meines Ausbilders hat mir sehr gut geholfen, diesem „Hobby" abzuschwören: „Hilflose Helfer" von Wolfgang Schmidbauer.

Aber jetzt ist es endlich so weit: Helfen Sie sich selbst!

5.4 Hindernde Glaubenssätze auflösen

Für die Arbeit an allen Ihren Glaubenssätzen gilt: Hier können Sie alle Tools zu diesem Thema auspacken.

TANJA: Ich selbst habe mit Folgendem gute Erfahrungen gemacht:

- wingwave,
- NLP (Formate wie z.B. Reframing, Timeline, Belief-Change-Prozess, Change History),
- Ziel- / Problemaufstellung,
- Supervision von Coachingprozessen, die nicht so gut gelaufen sind,
- EFT.

Für alle Anfänger, die Angst haben, nicht gut genug zu sein

TANJA: Ich kann Ihnen nur den Tipp geben: Während der Coachingausbildung jeden coachen, der nicht bei drei auf den Bäumen ist. Als ich mit der Ausbildung fertig war, hatte ich schon eine zweistellige Zahl an positiven Erlebnissen, die mir das Gefühl gaben, dass ich mein Handwerkszeug beherrsche.

RUTH: Aber bitte daran denken: Nur coachen, wenn Ihnen ein Auftrag dazu erteilt wurde. – Aber das hast du bei unseren Lesern sicherlich schon vorausgesetzt.

Für mehr Selbstbewusstsein

- Ressourcensuche auf der Timeline (NLP) mit dem Thema: „Welche vorhandenen Fähigkeiten machen mich zu einem guten Coach?"
- Undienliche Sichtweisen über sich selbst auflösen. Beispiel: Weg von dem Gedanken „Ich bin dumm" hin zu „Ich bin intelligent genug, alles zu lernen".
- Klopfen Sie mit EFT oder einer anderen Klopftechnik Ihrer Wahl das Minderwertigkeitsgefühl weg.
- Lassen Sie sich benötigte Ressourcen mit wingwave „reinwinken" oder arbeiten Sie mit der wingwave-Musik oder der Butterfly-Technik.

Für mehr Geld: Hilfe, in mir steckt ein Golf!

TANJA: Wann immer ein Kunde überrascht auf meinen mittlerweile eher hohen Preis reagiert, antworte ich so: „Wissen Sie, ich kann verstehen, dass dies für Sie erst einmal nach einem hohen Preis klingt. Aber mittlerweile steckt in mir das Geld für einen neuen VW Golf – wenn man die Fortbildungskosten rechnet. Und mit diesem Know-how kann ich Sie jetzt noch besser – und damit schneller – bei Ihrem Anliegen unterstützen."

RUTH: Ganz ehrlich, einige haben es da bereits zum Porsche gebracht. Und machen nichts daraus. Noch nie sind sie aus der 30er-Zone rausgekommen oder fahren immer mit angezogener Handbremse.

Wie viel ist es jemandem wert, befreit durch das Leben zu gehen?

Machen Sie sich bewusst, was Ihre Leistung gefühlt wert ist. Wenn Sie gemeinsam mit Ihrem Kunden den Beruf finden, in dem er die nächsten vier Jahrzehnte wirklich glücklich ist, dann darf das auch mal ein Monatsgehalt wert sein, oder?

Wie viel Geld würden Menschen mit starken Schlafstörungen zahlen, wenn sie wüssten, dass ihnen geholfen werden kann und sie nach wenigen Sitzungen wieder durchschlafen können? Und was bedeutet das für ihre Gesundheit und Lebensqualität?

RUTH: Ihr Kunde fährt bestimmt in Urlaub. Wahrscheinlich jedes Jahr. Sicherlich gibt es viele Coaching-Anliegen, die seine Lebensqualität so stark verbessern würden, dass er nötigenfalls ein Jahr darauf verzichten könnte.

TANJA: Denken Sie auch an eine Zielgruppe, die gerne vergessen wird: Auch Menschen mit viel Geld können Probleme haben ...

> **Hier noch ein pragmatischer Tipp für alle, die sich mit der Preisnennung unwohl fühlen:** Sie ersparen sich viele unschöne Diskussionen, wenn Sie Ihre Preise in Ihren Werbemitteln[9] schon „verraten". Dann melden sich meist nur die Kunden, die sich Ihre wertvolle Arbeit auch wirklich leisten können. Und den anderen Interessenten ersparen Sie ein vielleicht für sie beschämendes Gespräch ...

---

9   Manche Werbemittel wie das Internet lassen es zu, den Preis jederzeit anzupassen. Flyer sollten mit der nächsten Preisänderung sowieso vergriffen sein oder Sie arbeiten mit dem Hinweis „Preise: Stand 02/2012".

Zu zweit ist alles – leichter: Blockaden lösen im Doppelpack

Nicht jeder Mensch ist diszipliniert genug, bei eigenen Themen mit sich selbst zu arbeiten. Oft ist es auch schlicht unmöglich.

TANJA: Die am Anfang genannten Coachingprozesse habe ich nur zum Teil mit mir alleine „durchgeführt", zu großen Teilen sind sie in der Zusammenarbeit mit wunderbaren Coach-Kollegen erfolgt. Bei einigen Themen kommen Sie sicherlich auch alleine an Ihr Ziel. Bei den ganz hartnäckigen Sachen empfehle ich dringend, eine kompetente Kollegin zu beauftragen.

> **Ein kleiner Tipp:** Laden Sie doch einfach einen befreundeten Coach ein. So können Sie sich bei Chips und Schokolade gegenseitig die Marketingblockaden weg-coachen. Das ist „kostenneutral" und macht viel Spaß!

RUTH: Wir hoffen, dass Sie jetzt ganz viele Inspirationen bekommen haben, wie Sie mit Ihrem Coaching-Wissen erfolgreich Ihr Marketing unterstützen können. Wir wünschen uns, dass Sie erfolgreich sind! Also – worauf warten Sie noch? Wenn Sie Ihre ganz persönlichen Marketingprobleme (oder auch „Herausforderungen") hier aufgeschrieben haben, können Sie sie ganz in Ruhe in dem für Sie passenden Tempo angehen – auch wenn Sie dafür das Buch erst mal beiseitelegen möchten:

Marketingherausforderungen:	Wie oder mit wem / lösen?	Wann?	Status:

TANJA: Wer füllt in Büchern eigentlich diese Listen aus? Sie etwa? Erfahrungsgemäß machen diese Übungen nur wenige Menschen. Aber als Coach wissen Sie ja, dass schriftlich fixierte Ziele mit wesentlich höherer Wahrscheinlichkeit auch erreicht werden. Also – nicht weiterlesen. Erst einmal ausfüllen!

RUTH: Sie schreiben generell nicht in Bücher? Kopieren hilft – downloaden geht auch (↗ http://www.active.books.de) oder einfach einen Bleistift nehmen!

6. | Welcher Marketing-Typ sind Sie?

6.1 Der Fragebogen: „Inventar authentisches Marketing" – I am ...

Wenn Sie Marketingbücher wälzen, werden Sie feststellen, dass Ihnen die Fachliteratur Unmengen an Informationen darüber zur Verfügung stellt, welches Marketing zu Ihrer Zielgruppe passt.

RUTH: Nachdem Sie als Coach jedoch „das Produkt" sind, finden wir es viel wichtiger zu wissen, welches Marketingmittel zu Ihnen passt. Mit welchen der unzähligen Marketingmittel können Sie authentisch für sich werben und die Kunden gewinnen, die zu Ihnen passen? Interessanterweise gibt es zu diesem Thema nicht sehr viel Lesenswertes.

TANJA: Fast kommt es uns vor, als würden wir hier eine ganz neue Sichtweise etablieren. Unser Wunsch ist es, Ihnen aufzuzeigen, welches Marketing zu Ihrer Persönlichkeit passt. Gerne wollten wir Ihnen dazu einen Test anbieten, fanden aber leider nichts Geeignetes. Also suchten wir jemanden, der für uns diesen Test bezahlbar und methodisch sauber entwickelt.

RUTH: Interessanterweise fand Tanja diesen Experten in ihrem Wohnzimmer. Ihr Mann, Hans-Werner Klein, war drei Jahre lang Leiter Methodenentwicklung bei der GfK[10] / Contest Census. Seine gut 20-jährige Marktforschungserfahrung ist in diesen Fragebogen eingeflossen und unser Test hat mehrere (statistisch relevante) Testläufe erfolgreich bestanden.

TANJA: Jetzt sind Sie gefragt. Ihre ehrliche Selbsteinschätzung zeigt Ihnen in zehn Minuten, welcher Marketingtyp Sie sind. Dann wissen Sie auch, welche Praxisbeispiele der jeweiligen Marketingtypen für Sie besonders aufschlussreich und spannend sein werden.

---

10 Hier steht das Kürzel „GfK" ausnahmsweise mal nicht für die Gewaltfreie Kommunikation, sondern für die Gesellschaft für Konsumforschung.

Und, was sind Sie nun für ein Marketingtyp?

Denken Sie an Ihr Marketing. Welche der folgenden Aussagen trifft eher auf Sie zu? Bitte kreuzen Sie dann in der entsprechenden Spalte an, ob eine Aussage für Sie aktuell zutrifft oder aktuell nicht zutrifft oder ob gar keine Antwort möglich ist (zum Beispiel, wenn Sie keine Website haben).

Sie stehen als Coach noch ganz am Anfang Ihrer Selbstständigkeit und nutzen bisher keine Werbemittel? Dann dürfen Sie Ihre Fantasie spielen lassen und die wahrscheinlichste Antwort auswählen:

Frage	Trifft zu	Trifft nicht zu	Keine Antwort möglich
Meine Visitenkarte ist mein Marketinginstrument, das ich am liebsten nutze.	A	D	E
Meine Flyer finden schon den / die Richtige, wenn ich sie auslege.	A	D	E
Ich nutze meinen Twitter- oder Facebook-Account fast täglich, um über berufliche Neuigkeiten zu berichten.	B, D	A	E
Ich aktualisiere nahezu täglich meine Statusmeldungen auf Facebook oder XING.	B, D	A	E
Ich bin auf XING, um mich mit anderen Coaches, Trainern und Therapeuten zu vernetzen.	C	A	E
XING ist für mich nur eine Online-Visitenkarte.	A	B, C	E
Meine Website wird ständig aktuell gehalten.	B, D	N	E
Ich müsste meine Website überarbeiten.	A	B	E
Ich blogge regelmäßig zu meinen Fachthemen.	C	N	E
Ich kommentiere gerne in Blogs und Foren.	B, D	A	E
Ich versende regelmäßig Newsletter mit interessanten Informationen an meine Kontakte.	B, D	A	E
Ich habe interessante Fach-Newsletter und RSS-Feeds abonniert.	A,C	N	E

Frage	Trifft zu	Trifft nicht zu	Keine Antwort möglich
Ich halte mehr als einen Vortrag im Jahr zu meinen beruflichen Schwerpunkten.	C, D	N	E
Bisher bin ich eher zurückhaltend mit Fachvorträgen.	A, B	N	E
Ich nutze meine Freizeitaktivitäten in Verbänden und Vereinen, um mich beruflich bekannter zu machen.	D	N	E
Ich schreibe mehr als einen Fachartikel im Jahr.	C	N	E
Zu meinen Fachthemen habe ich ein Buch geschrieben / werde ich ein Buch schreiben.	C, D	N	E
Ich versuche regelmäßig, mit Marketing oder PR-Mitteln meinen Bekanntheitsgrad zu steigern.	D	A	E
Ich habe einen eigenen YouTube-Kanal zu meinen Fachthemen.	D	N	E
Ich kooperiere mit Netzwerken an meinem Wohn- / Arbeits-Ort, um meine Arbeit bekannter zu machen.	D	N	E
Ich nutze Kooperationen mit Industrie-, Handels- oder Dienstleistungsunternehmen fürs Marketing.	D	N	E

RUTH: Alle Fragen ehrlich beantwortet? Sehr gut: Dann geht's jetzt zur Auswertung!

6.2 Die Auswertung: Sie sind ...

Es ist geschafft! Nur noch drei Schritte und Sie werden wissen, welcher Marketingtyp Sie sind:

1. Fügen Sie für jeden angekreuzten Buchstaben A, B, C, D oder E einen Strich in die Strichliste ein. Den Buchstaben N brauchen Sie nicht zu zählen. Er steht für „Nicht relevant". Dort, wo es in einer Spalte mehrere Buchstaben gibt, zählen Sie beide jeweils einzeln.

Strichliste:

Kategorie	Strichliste	Anzahl
A		
B		
C		
D		
E		
N	N steht für „Nicht relevant" und muss nicht gezählt werden.	

2. Zählen Sie die jeweilige Anzahl der Striche für jeden Buchstaben zusammen und tragen Sie diese Zahl oben rechts unter „Anzahl" ein.

3. Für jede Kategorie (A–E) markieren Sie bitte den passenden Punkt auf der Grafik „Auswertung". Der Wert, der an höchster Stelle in der Grafik steht (im abgebildeten Beispiel wäre es der Wert 5 in der Kategorie B) beschreibt Ihren Marketingtyp am besten. Die in den einzelnen Kategorien aufgeführten Zahlenwerte sind recht unterschiedlich, da eine Gewichtung der Antworten mit eingeflossen ist.

A	B	C	D	E
○ 12	○ 8	○ 8	○ 15	○ 22
○ 11			○ 14	○ 21
				○ 20
○ 10	○ 7	○ 7	○ 13	○ 19
			○ 12	○ 18
				○ 17
○ 9	○ 6	○ 6	○ 11	○ 16
			○ 10	○ 15
○ 8				○ 14
○ 7	● 5	○ 5	○ 9	○ 13
			○ 8	○ 12
○ 6	○ 4	○ 4	○ 7	○ 11
				○ 10
○ 5			○ 6	○ 9
				○ 8
● 4	○ 3	● 3	● 5	○ 7
			○ 4	○ 6
○ 3				○ 5
	○ 2	○ 2	○ 3	○ 4
○ 2			○ 2	● 3
				○ 2
○ 1	○ 1	○ 1	○ 1	○ 1

Auswertung:

A	B	C	D	E
○ 12	○ 8	○ 8	○ 15	○ 22
○ 11			○ 14	○ 21
				○ 20
○ 10	○ 7	○ 7	○ 13	○ 19
			○ 12	○ 18
				○ 17
○ 9	○ 6	○ 6	○ 11	○ 16
○ 8			○ 10	○ 15
				○ 14
○ 7	○ 5	○ 5	○ 9	○ 13
			○ 8	○ 12
○ 6				○ 11
	○ 4	○ 4	○ 7	○ 10
○ 5			○ 6	○ 9
				○ 8
○ 4	○ 3	○ 3	○ 5	○ 7
			○ 4	○ 6
○ 3				○ 5
	○ 2	○ 2	○ 3	○ 4
○ 2			○ 2	○ 3
				○ 2
○ 1	○ 1	○ 1	○ 1	○ 1

Vielleicht sind bei Ihnen beispielsweise die Punkte bei B und C gleich hoch? In diesem Fall ordnen Sie sich bitte in die Kategorie C ein. Es „gewinnt" immer die Kategorie, die im Alphabet weiter von A entfernt ist.

Die Kategorie E zeigt keinen Marketingtyp, sondern nur Ihren Wissensbedarf zum Thema Marketing. Hier gilt: Je höher die Punktzahl, desto größer ist der Bedarf.

Die Auflösung: „I am[11] ..." Ihr Marketingtyp

Im nächsten Kapitel stellen wir Ihnen jeden Marketingtypen ausführlich vor. Hier vorab eine vereinfachte, ganz kurze Darstellung, für welchen Marketingtyp welche Marketingmittel am besten passen:

A = Mauerblümchen

Das Marketing-Mauerblümchen nutzt sehr wenige Marketingmittel wie z. B. eine Visitenkarte und einen rudimentäreren Internetauftritt. Dieser Typ ist mit der Außendarstellung insgesamt sehr zurückhaltend.

B = Netzbürger

Der Netzbürger zeichnet sich dadurch aus, dass er wie das Mauerblümchen eine Visitenkarte besitzt und über einen Internetauftritt verfügt. Im Unterschied dazu ist dieser Internetauftritt aktuell gepflegt und umfangreicher als der des „Blümchenkollegens". Zusätzlich nutzt er viele Möglichkeiten der Social-Media geschickt für seine Werbung, z. B. Facebook, XING oder Twitter.

C = Koryphäe

Die Koryphäe setzt die Marketingmöglichkeiten des Mauerblümchens und des Netzbürgers ein und weiß sich darüber hinaus als Experte zu positionieren, z. B. als Buchautor.

D = Rampensau

Die Marketing-Rampensau ist fachlich top und nutzt alle nur erdenklichen Möglichkeiten, um für sich selbst zu werben. Ob durchdacht oder ganz spontan, die Rampensau liebt das Scheinwerferlicht.

E = kein Marketingtyp

Die Kategorie E zeigt keinen Marketingtypen. Je höher Ihr Punktwert hier ist, desto mehr Zeit sollten Sie sich zukünftig für Ihr Marketing nehmen und bei Bedarf auch über eine Marketingberatung nachdenken.

In der folgenden Grafik zeigen wir Ihnen, welche Werbemittel typisch sind. Selbstverständlich ist diese Auflistung nicht vollständig, es gibt noch deutlich mehr. Zudem muss kein Marketingtyp alle hier aufgezählten Möglichkeiten nutzen. Er kann sich vielmehr ganz spielerisch aus diesem Angebot bedienen:

---

11 Abkürzung für „Inventar authentischer Marketingtyp".

	A = Mauerblümchen	B = Netzbürger	C = Koryphäe	D = Rampensau
Flyer	(Flyer)	(Flyer)	Flyer
Internet-Visitenkarte	Internetauftritt	Internetauftritt	Internetauftritt
Visitenkarte	Visitenkarte	Visitenkarte	Visitenkartennutzung zu Werbezwecken
	Twitter	Twitter	Twitter
	Blog	Blog	Blog
	E-Newsletter	E-Newsletter	E-Newsletter
	XING, Facebook ...	XING, Facebook ...	XING, Facebook ...
		YouTube	YouTube
		Vorträge	Vorträge
		Bücher	Bücher
		Zeitschriften	Zeitschriften
		Seminare	Seminare
			Teebeutel mit Werbeaufdruck verteilen
			TV-Auftritt
			Kooperationen mit einem Nagelstudio
			Karnevalskostüm mit Werbung
			Autowerbung

(Zeilenbeschriftung links vertikal: Marketing-Instrument)

RUTH: Und? – Sind Sie mit Ihrem Ergebnis zufrieden? Passt es zu Ihrer Selbsteinschätzung?

Hinweis für Coaching-Ausbilder:

Viele Coaches geben uns die Rückmeldung, dass das Thema Marketing in der Ausbildung kaum oder gar nicht angesprochen wird. Viele Ausbilder sind frustriert, wenn ihre gut ausgebildeten „Schüler" am Markt nicht erfolgreich sind.

Selbstverständlich ist es für Sie als Ausbilder nicht einfach, zusätzliche Marketinginhalte anzubieten, da sich hierdurch die Ausbildungskosten weiter erhöhen und nicht jeder angehende Coach diese Kosten bereits am Anfang zahlen möchte. Wir schlagen Ihnen deshalb Folgendes vor: Sie können die wichtigsten Checklisten kostenfrei von der Internetseite ↗ http://www. active-books.de runterladen und in Ihrem Seminar verwenden. Lediglich der Fragebogen ist rechtlich geschützt und kann von Ihnen gegen geringes Entgelt direkt von uns bezogen werden. Natürlich können Sie das Thema Marketing auch behandeln, indem Sie unser Buch als Leseempfehlung aufnehmen oder uns als Trainerinnen einladen. Das würde uns sehr freuen.

7. | Praxisbeispiele für jeden Grundtypen

In diesem Kapitel stellen wir Ihnen die Marketingtypen im Detail vor und zeigen an echten Praxisbeispielen, wie Sie authentisch für sich werben können. Jeder Typ wird mit folgenden Punkten vorgestellt:

- Kurzvorstellung des Marketingtyps,
- die Königsdisziplin,
- was der Marketingtyp noch für sich und sein Marketing tun kann,
- die Gefahren des jeweiligen Marketingtyps,
- die Entwicklungswege.

Nachdem die Marketingtypen aufsteigend von A nach D immer mehr Marketing-mittel nutzen, ist es z. B. für das Mauerblümchen auch spannend zu lesen, welche weiteren Ideen es bei der Rampensau zu entdecken gibt. Also: Egal welcher Marke-tingtyp Sie sind, das ganze Kapitel lohnt sich für Sie.

	Mauerblümchen	Netzbürger	Koryphäe	Rampensau
Marketing-Instrument	Flyer	(Flyer)	(Flyer)	Flyer
	Internet-Visiten-karte	Internetauftritt	Internetauftritt	Internetauftritt
	Visitenkarte	Visitenkarte	Visitenkarte	Visitenkarten-nutzung zu Werbezwecken
		Twitter	Twitter	Twitter
		Blog	Blog	Blog
		E-Newsletter	E-Newsletter	E-Newsletter
		XING, Facebook …	XING, Facebook …	XING, Facebook …
			YouTube	YouTube
			Vorträge	Vorträge
			Bücher	Bücher
			Zeitschriften	Zeitschriften
			Seminare	Seminare
				Teebeutel mit Werbeaufdruck verteilen
				TV-Auftritt
				Kooperationen mit einem Nagelstudio
				Karnevalskostüm mit Werbung
				Autowerbung

7.1 Der Marketingtyp „Mauerblümchen"

	Mauerblümchen	Netzbürger	Koryphäe	Rampensau
Marketing-Instrument	Flyer	(Flyer)	(Flyer)	Flyer
	Internet-Visiten-karte	Internetauftritt	Internetauftritt	Internetauftritt
	Visitenkarte	Visitenkarte	Visitenkarte	Visitenkarten-nutzung zu Werbezwecken
		Twitter	Twitter	Twitter
		Blog	Blog	Blog
		E-Newsletter	E-Newsletter	E-Newsletter
		XING, Facebook ...	XING, Facebook ...	XING, Facebook ...
			YouTube	YouTube
			Vorträge	Vorträge
			Bücher	Bücher
			Zeitschriften	Zeitschriften
			Seminare	Seminare
				Teebeutel mit Werbeaufdruck verteilen
				TV-Auftritt
				Kooperationen mit einem Nagelstudio
				Karnevalskostüm mit Werbung
				Autowerbung

Der Marketingtyp Mauerblümchen nutzt nur sehr wenige Marketingmittel. Mit seiner Außendarstellung als Coach ist er insgesamt sehr zurückhaltend, aber ansonsten zeigt er sich eloquent und durchaus selbstbewusst. Die meisten Vertreter dieses Typs verfügen zumindest über eine Visitenkarte und über einen kleinen Internetauftritt. So mancher nutzt zudem einen selbst gebastelten Flyer.

7.1.1 Kurzvorstellung unseres Marketing-Mauerblümchens

Name:	Krishna Viswanathan
Coaching-Schwerpunkt:	Business-Coaching für Führungskräfte und Menschen von Adel
Website:	(noch) keine

Das ist Krishna. Krishna Viswanathan ist unser exemplarisches Marketing-Mauerblümchen. Als wir ihn kennenlernten, hatte er seine Zielgruppe nicht wirklich für sich definiert. Um seine Worte zu wählen: „Ich coache Menschen, die ihr Potenzial frei entfalten wollen." Seine Werbemittel waren: nicht vorhanden. Es sei denn, man berücksichtigt die ausgedruckten Arbeitsblätter für seine Seminare.

Er ist, der Name verrät es, indischer Abstammung und coacht in Deutschland seit über zwölf Jahren fast ausschließlich Business-Kunden. Krishna hat eine Ausbildung als Ingenieur u. a. in Stanford genossen. 1993, bei der *Boston Consulting Group*, erkannte er, dass eine Unternehmensberatung zwar sachlich einiges bewirkt, die Mitarbeiter der beratenen Firmen aber mehr Unterstützung benötigen, um z. B. bei Change-Prozessen mitgehen zu können.

Er ist ein herzensguter, spiritueller Mensch, der alles für andere gibt und für sich selbst nichts beansprucht. Das zeigt auch sein Marketing, das er bisher (sträflich) vernachlässigt hat. Und wenn, so sagt er, ließ er sich treiben von einem „schlechten Gewissen und Zufälligkeiten".

Im Rahmen unseres Marketing-Coachings haben wir ihm geholfen zu erkennen, dass auch er Marketing-Ziele hat und dass sie sich aus seiner Vision ergeben, was er den Menschen, mit denen er arbeitet, geben möchte. Dieser Präzisierung weicht er – was typisch für das Marketing-Mauerblümchen ist – zunächst aus. Lachend erwähnt er Klienten, die seine Arbeit als Geschenk bezeichnen und meinen: „Jeder braucht das." Krishna selbst ergänzt: „... der für Veränderung offen ist."

Am wichtigsten ist ihm, den einzelnen Klienten zu verstehen und ihn in seiner Veränderung zu unterstützen, sodass er seine Ziele möglichst nachhaltig erreichen kann. Nicht Krishna selbst und seine eigene Arbeit, sondern der Klient und das Anliegen stehen im Vordergrund. So kommt er zu der Einsicht: „Was mich zu einem guten Coach macht, macht mich zu einem schlechten Marketeer." Etwas in ihm sträubt sich, viel Aufhebens um die eigene Tätigkeit zu machen.

An dieser Stelle kommt der Marketing-Coach ins Spiel: Durch präziseres Nachbohren arbeiten wir heraus, wer am meisten von seiner Coaching-Arbeit profitiert und sie schätzt. Das sind z. B. Menschen in Führungspositionen, die vor der Herausforderung stehen, ihre beruflichen und unternehmerischen Aufgaben mit ihren Werten in Einklang zu bringen oder die ihre Mitarbeiter in ihrer Entwicklung unterstützen möchten.

„Mit Menschen von Adel" zu arbeiten empfindet er als besonders erfüllende Aufgabe. Einerseits gebe ein stabiles Wertefundament ihnen Orientierung, andererseits neigten „echte" Adlige dazu, ihre Bedürfnisse durch Verpflichtungen zu unterdrücken.

TANJA: Und wie kommen die Klienten nun zu unserem Mauerblümchen? Meist auf Empfehlung und ganz wie von selbst. Da Vertrauen hier eine ganz besondere Rolle spielt, ist die Fürsprache aus den Kreisen der Klienten nicht zu ersetzen.

RUTH: Übrigens nehmen Empfehlungen oft nicht den direkten Weg, sondern springen über Kontinente und Generationen hinweg.

TANJA: Als Krishna sich dann zu einem unserer YouTube-Seminare anmeldete, waren wir sehr erstaunt, dass ausgerechnet er einen Film zu seinem ersten Werbemittel machen wollte. Aber seine Intuition gab ihm recht, Krishnas warmherzige Art und außergewöhnliche Persönlichkeit kamen im Film tatsächlich gut zum Tragen:

RUTH: Natürlich passt die englischsprachige Version des Films wunderbar zu seiner internationalen Zielgruppe. Seither nutzt er diesen Film als seine „Visitenkarte" und lässt sein weiteres Marketing Schritt für Schritt nachwachsen.

KRISHNA: Meine innere Marketing-Hürde ist wesentlich niedriger geworden. Ab und an muss ich mich von euch wieder auf Spur bringen lassen, wenn z. B. Gedanken hochkommen wie: „Naja, man kann meine Arbeit gar nicht beschreiben." Aber ich bin überzeugt von meiner Arbeit und äußere mich auch endlich bereitwilliger, klarer und selbstbewusster. Meine Arbeit ist für jeden ein Geschenk!

7.1.2 Die Königsdisziplin der Marketing-Mauerblümchen: Kundenbindung

RUTH: Vielleicht kennen Sie die folgende Regel: Es ist siebenmal günstiger, einen bestehenden Klienten zu halten, als einen neuen zu finden.

TANJA: Im Coaching wollen wir dies jedoch nur bedingt und wir freuen uns, wenn unsere Klienten bald wieder gut ohne unsere Arbeit „auskommen". Aber was wir wollen ist, dass bei einem neuen Anliegen der erste Weg wieder zu uns führt und dass unsere Arbeit weiterempfohlen wird. Wenn Sie gute Arbeit im Coaching geleistet haben, müssen Sie sich jetzt nur noch regelmäßig in Erinnerung bringen. Der Rest passiert von ganz alleine.

Unsere Tipps zur „Unvergesslichkeit beim Kunden":

- Setzen Sie bei einem neuen Kunden zu Beginn einen speziellen „Coaching-Starter-Brief" ein. Dieser kann Vorabinformationen zum Coachingprozess enthalten, aber auch ganz pragmatische Dinge; z. B. Informationen darüber, wie es um die Parkplatzsituation vor Ihrer Praxis bestellt ist oder welcher Bus in Ihrer Nähe hält.
- Überreichen Sie am Prozessende ein kleines Abschiedsgeschenk.
- Nach Abschluss des Coachings schicken Sie dem Klienten einen Dankesbrief.
- Rufen Sie einfach mal völlig absichtsfrei nach Prozessende an – vorausgesetzt natürlich, Sie haben dafür im Vorfeld die Zustimmung des Kunden eingeholt.
- Senden Sie Weihnachts- und Geburtstagspost.
- Bieten Sie Mehrwert-Inhalte wie z. B. einen Blog oder E-Newsletter.
- Bieten Sie auch Kontaktmöglichkeiten über Facebook oder XING, wenn Sie dort vertreten sind.
- Geben Sie jeweils passende Zeitungsartikel, Links oder Buchempfehlungen an Kunden weiter.
- Verschenken Sie Werbemittel mit Sinn und langer „Verweildauer" beim Kunden wie z. B. Lesezeichen, Tassen etc.

TANJA: In Kapitel 8 liefern wir Ihnen ganz persönliche Beispiele, nämlich unsere Brief-Texte, weil diese sicherlich auch für alle anderen Marketingtypen interessant sein könnten.

RUTH: Sie können ganz einfach feststellen, wie gut Ihre Kundenbindung schon funktioniert: Wenn Sie durch Mund-zu-Ohr-Propaganda bereits viele Kunden erhalten, sind Sie auf dem richtigen Weg!

7.1.3 Was können Marketing-Mauerblümchen noch für sich und ihren Auftritt tun?

Seriosität ist besonders wichtig. Gerade wenn Sie als Mauerblümchen am Markt nicht so umfassend präsent sind wie andere, ist seriöses Auftreten geradezu Pflicht:

- Dazu gehört auf jeden Fall eine Festnetznummer auf Ihren Werbemitteln (für Anfänger empfiehlt es sich, Kapitel 8.1.4 zu lesen). Achten Sie darauf, dass auch der Ansagetext auf dem Anrufbeantworter ganz deutlich macht, dass man bei Ihnen beruflich und nicht privat „gelandet" ist.
- Referenzen sind natürlich das beste Aushängeschild. Auf den nächsten Seiten finden Sie Informationen dazu, wie Sie diese am besten nutzen.
- Eine Verbandszugehörigkeit wird von Klienten auch positiv bewertet.

Ruth: So hat Tanja sich zu Beginn ganz bewusst für den seriösen, aber vom Namen her auch gut klingenden *Deutschen Coaching Verband* entschieden und sich dort sogar die Qualität ihrer Arbeit zertifizieren lassen. Auch für Sie gilt: Eine Coaching-ausbildung mit namhaftem Zertifikat ist aus Marketing-Sicht sinnvoll.

Tanja: Auch wenn dies natürlich nicht das einzige Auswahlkriterium für oder gegen eine Ausbildung sein darf.

Lassen Sie Ihre Kunden sprechen: So setzen Sie Referenzen richtig ein

Besonders aufschlussreich und wertvoll sind Referenzen, die Sie von Ihren Kunden bekommen. Diese können Sie für Ihre Werbemittel – z. B. Internet-Auftritt oder Flyer – einsetzen und so zeigen, wie Ihre Arbeit bei Ihren Klienten ankommt.

Mach's authentisch: Erliegen Sie nicht der Versuchung und formulieren Referenzen vor! Bitten Sie Ihre Kunden stattdessen um eigene Worte und Formulierungen. Nur so wirken diese Äußerungen authentisch, werden als ehrlich und nicht erfunden wahrgenommen. Glauben Sie uns: Die meisten Menschen haben ein feines Gespür für erfundene oder „eingegebene" Referenzen.

Tanja: Außerdem erfahren Sie so manches Mal ganz überraschende Dinge über Ihre Arbeit. Oft kommt man selbst gar nicht darauf, was genau die eigene Arbeit so besonders macht! An zwei Beispielen aus meinen Referenzen kann ich Ihnen dies wunderbar zeigen:

Beispiel 1:

„Ich hatte das Gefühl, als läge ein grob geknüpfter schwarzer Teppich auf mir, der langsam in jeder Sitzung von mir abgezogen wird. Zurück bleibt ein Geflecht von einer strahlend weißen Oberfläche, die das Licht und viel positive Energie in mir bündelt." → **Tanja:** So lyrisch kann ich gar nicht schreiben ☺.

Beispiel 2:

„Ich habe das Gefühl, Quantensprünge in meiner Entwicklung bereits gemacht zu haben." → **Tanja:** Wer käme denn selbst auf die Idee, so etwas über seine Arbeit zu sagen?

Ruth: Selbstverständlich würde jeder Ihrer Klienten Ähnliches auch über Ihre Arbeit sagen! Man muss den Kunden nur fragen ... Und die Aussagen dann nach Freigabe durch den Kunden (!) auf seine Internetseite stellen. Ich zeige Ihnen meinen Textvorschlag für die Freigabe der Referenz gerne im Kapitel 8.4.5.

TANJA: Noch glaubwürdiger und beeindruckender finde ich ja „Videoreferenzen". Mittlerweile kann jedes Smartphone ein solches Statement in passabler Qualität aufzeichnen. Und hier erwartet kein Kunde beste Ton- oder Bildqualität. Im Gegenteil: Wenn das Bild etwas wackelt und der Klient sich verspricht, ist es sogar noch authentischer.

RUTH: Stimmt! – Wir haben in unserer Videoreferenz mit Gerhard Rieger[12] ganz bewusst den „falschen" Firmennamen (nämlich „Coach, my Marketing" statt „your" Marketing) in der ersten Aufnahme so gelassen, weil die zweite Aufnahme mit dem richtigen Namen nicht mehr ganz so spontan war:

Hier ein kleines Standbild der Videoreferenz. Sie finden den Film natürlich auf unserer Homepage: ↗ http://www.CoachYourMarketing.de/referenzen/ ☺.

Einfache Dinge – große Wirkung: Optimieren Sie Ihren Internetauftritt

Lassen Sie sich nicht davon beeinflussen, dass eine Website technisch komplizierter ist als ein Flyer. Natürlich steckt mehr dahinter, aber das sollte Sie nicht daran hindern, Ihre Website zunächst ohne „technische" Scheuklappen zu betrachten. So, wie Sie in der Umkleidekabine eine neue Hose begutachten würden. Dabei hilft Ihnen die folgende Check-Box:

---

12 Gerhard Rieger stellen wir Ihnen noch im Kapitel 7.3 ausführlicher vor.

Internet-Check-Box:

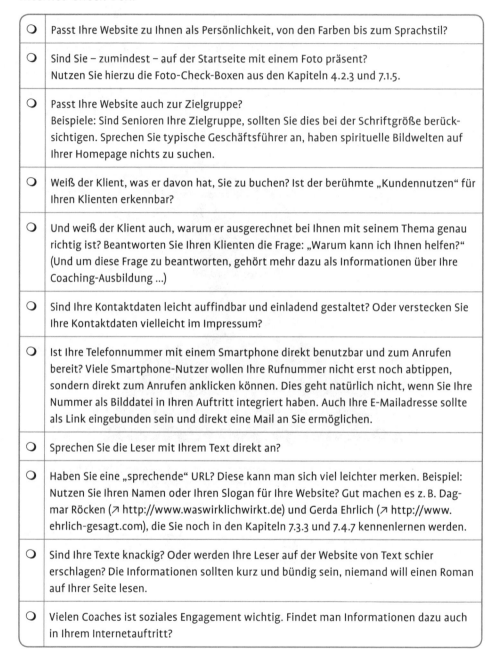

○ Passt Ihre Website zu Ihnen als Persönlichkeit, von den Farben bis zum Sprachstil?

○ Sind Sie – zumindest – auf der Startseite mit einem Foto präsent?
Nutzen Sie hierzu die Foto-Check-Boxen aus den Kapiteln 4.2.3 und 7.1.5.

○ Passt Ihre Website auch zur Zielgruppe?
Beispiele: Sind Senioren Ihre Zielgruppe, sollten Sie dies bei der Schriftgröße berücksichtigen. Sprechen Sie typische Geschäftsführer an, haben spirituelle Bildwelten auf Ihrer Homepage nichts zu suchen.

○ Weiß der Klient, was er davon hat, Sie zu buchen? Ist der berühmte „Kundennutzen" für Ihren Klienten erkennbar?

○ Und weiß der Klient auch, warum er ausgerechnet bei Ihnen mit seinem Thema genau richtig ist? Beantworten Sie Ihren Klienten die Frage: „Warum kann ich Ihnen helfen?" (Und um diese Frage zu beantworten, gehört mehr dazu als Informationen über Ihre Coaching-Ausbildung ...)

○ Sind Ihre Kontaktdaten leicht auffindbar und einladend gestaltet? Oder verstecken Sie Ihre Kontaktdaten vielleicht im Impressum?

○ Ist Ihre Telefonnummer mit einem Smartphone direkt benutzbar und zum Anrufen bereit? Viele Smartphone-Nutzer wollen Ihre Rufnummer nicht erst noch abtippen, sondern direkt zum Anrufen anklicken können. Dies geht natürlich nicht, wenn Sie Ihre Nummer als Bilddatei in Ihren Auftritt integriert haben. Auch Ihre E-Mailadresse sollte als Link eingebunden sein und direkt eine Mail an Sie ermöglichen.

○ Sprechen Sie die Leser mit Ihrem Text direkt an?

○ Haben Sie eine „sprechende" URL? Diese kann man sich viel leichter merken. Beispiel: Nutzen Sie Ihren Namen oder Ihren Slogan für Ihre Website? Gut machen es z. B. Dagmar Röcken (↗ http://www.waswirklichwirkt.de) und Gerda Ehrlich (↗ http://www.ehrlich-gesagt.com), die Sie noch in den Kapiteln 7.3.3 und 7.4.7 kennenlernen werden.

○ Sind Ihre Texte knackig? Oder werden Ihre Leser auf der Website von Text schier erschlagen? Die Informationen sollten kurz und bündig sein, niemand will einen Roman auf Ihrer Seite lesen.

○ Vielen Coaches ist soziales Engagement wichtig. Findet man Informationen dazu auch in Ihrem Internetauftritt?

○	Sind Sie als Mensch „zum Anfassen" erkennbar? Für Ihre Zielgruppe kann z. B. wichtig sein, ob Sie Kinder haben oder nicht.
○	Sind Ihre Suchbegriffe (Metatags) optimiert und ist die Beschreibung für Google (Description) in Ordnung? Prüfen Sie, was die Suchmaschinen Ihnen anzeigen, wenn Sie sich selbst als Suchbegriff eingeben.

Ruth: So, jetzt sind Sie der „perfekten" Website einen guten Schritt näher gekommen. Sie werden es sich bestimmt gedacht haben: Viele dieser Punkte gelten nicht nur für Ihren Internet-Auftritt, sondern können auch für Flyer genutzt werden.

Tanja: Im Internet läuft es jetzt rund für Sie. Nun müssen Sie nur noch von Ihrer Zielgruppe (besser) gefunden werden. Aber gerade dieser Punkt wird gerne vergessen.

So werden Sie gefunden: Suchmaschinenoptimierung

Anders als Fische im Meer wollen Sie im Netz gefunden werden. Um dies zu gewährleisten, gibt es das sogenannte SEO (Search Engine Optimization). Neben den bereits in der Check-Box erwähnten Grundvoraussetzungen wie passende Metatags oder eine gute Description haben Sie hier fast unendlich viele Möglichkeiten, Fleißarbeit zu leisten ...

Tanja: Die Webtechnik entwickelt sich ständig weiter. Denjenigen, die tiefer in das Thema einsteigen wollen, sei z. B. die „Suchfibel"[13] empfohlen. In Kapitel 8.1.2 beschäftigen wir uns ebenfalls mit dem Thema Website und raten dazu, sich diese von einem Profi erstellen zu lassen. Wer auf professioneller Basis Internetseiten programmiert, kennt sich auch mit dem Suchmaschinen-Thema aus und wird alle notwendigen SEO-Aspekte berücksichtigen.

Ruth: Ich habe das in der Praxis leider oft anders erlebt. Wenn Sie SEO wünschen, müssen Sie es der Agentur auch extra sagen – und bezahlen. Daher:

Für diejenigen, die selbst etwas tun wollen: Viele Suchmaschinen bieten Ihnen die Möglichkeit eines kostenfreien (Basis-)Eintrags. Einige Anbieter geben Ihnen zusätzlich die kostenlose Option, Ihren Eintrag um Informationen wie Logo, Foto und Slogan zu ergänzen.

---

13 ↗ http://www.suchfibel.de

Schöpfen Sie diese Möglichkeit aus, z. B. bei:

- GoYellow
- Gelbe Seiten
- Google Maps
- Google Places

Viele Verlinkungen, von Ihren Seiten zu anderen und von anderen zu Ihnen sind ein wichtiges Kriterium, um über Suchmaschinen gut gefunden zu werden, sprich: bei den Suchergebnissen nach oben zu kommen. Verlinken Sie deshalb Ihre Website mit Websites von:

- Kollegen,
- Kooperationspartnern,
- Anbietern, deren Inhalte gut zu Ihren eigenen passen (z. B. Ihren Coachingausbildern).

Aktualisieren Sie regelmäßig Ihren Internetauftritt. Ungepflegte Websites werden von Google nicht auf Seite eins angezeigt – und dort wollen Sie schließlich hin!

TANJA: Wenn Sie als Marketing-Mauerblümchen vielleicht nicht permanent neue Vortragstermine von sich ins Netz stellen können, gibt es trotzdem Möglichkeiten, die Website regelmäßig mit neuem Inhalt aufzupeppen. Sie können beispielsweise eine Rubrik mit Informationen einrichten, die gut für Ihre Zielgruppe passen. Das könnte z. B. die Rubrik „Lieblings-Spielplätze" sein (bei der Zielgruppe Mütter). Im Business-Bereich sind Buchtipps, lesenswerte Fachartikel denkbar – oder auch Witze über Golfspieler ☺.

7.1.4 Mauerblümchen im Einsatz – weitere Marketing-Tipps

Ihren Flyer geschickter und bewusster einsetzen

Heute liegen überall Flyer aus. Wenn Sie glauben, diese würden nicht mitgenommen oder gelesen: Wir haben die gegenteilige Erfahrung gemacht. Flyer werden insbesondere dann beachtet, wenn Sie sie dort auslegen, wo auch Ihre bevorzugte Zielgruppe zu finden ist. Als Mauerblümchen wollen Sie vielleicht nicht unbedingt mit dem Geschäftsführer reden, um ihn um eine Auslagemöglichkeit zu bitten. Das muss auch nicht sein – in Naturkostläden, Restaurants und Bibliotheken gibt es oft Ständer oder Pinnwände, bei denen Sie gar nicht fragen müssen, sondern einfach Ihren Flyer hinterlassen können.

TANJA: Achten Sie darauf, regelmäßig Flyer nachzulegen. Wenn Ihre Werbemittel nicht mehr in großer Zahl an Ort und Stelle liegen, heißt das allerdings nicht immer, dass bereits alle von Interessierten mitgenommen wurden. Vielleicht wurden diese nur von Konkurrenten etwas nach hinten verschoben …

RUTH: Spätestens hier werden Sie feststellen, dass sich ein ansprechendes Foto von Ihnen und eine „Sie-Ansprache" auf der Titelseite des Flyers bezahlt machen. Solche Werbemittel werden nämlich viel häufiger eingepackt als z. B. Flyer mit abstraktem Logo auf der ersten Seite.

Auch Marketing-Mauerblümchen sind online

Ein gutes XING-Profil[14]zu erstellen kostet etwas Zeit, ist aber nicht sehr schwierig. Mit etwas mehr Aufwand können Sie die Statusmeldungen in diesem Online-Netzwerk regelmäßig ändern und sie so, wie das ganze Profil, stets aktuell halten.

RUTH: Gerade für international arbeitende Coaches ist ↗ http://www.linkedin.com/[15] die richtige Adresse für ein professionelles Profil.

Kooperationen für Mauerblümchen

Netzwerken ist online einfach. Auch in professionelle Datenbanken für Coaches und Coachingpools können Sie sich eintragen bzw. sich in diese aufnehmen lassen.

TANJA: Bitte lesen Sie gut das Kleingedruckte – einige dieser Services sind kostenpflichtig und längst nicht alle Angebote sind ihr Geld wert.

7.1.5 Marketing-Mauerblümchen sind fotogen – wenn man sie richtig beleuchtet

Die meisten Marketing-Mauerblümchen haben nur sehr wenige Werbemittel und keine aufwendigen Websites. Ihnen ist sehr bewusst, dass diese Werbemittel zu 100 % passen müssen – zu ihnen und zu ihren Kunden. Daher sind sie sehr darauf bedacht, ihre Positionierung klar herauszuarbeiten und nehmen sich die dafür notwendige Zeit. Ein wichtiger Punkt, bei dem Mauerblümchen sich selbst überwinden müssen, sind die Fotos. Denn hier müssen sie – eigentlich entgegen ihrer Natur – aus sich herausgehen und ihre „Schokoladenseite" zeigen.

---

14 XING ist ein Online-Business-Portal, das der beruflichen Kontaktpflege dient.

15 LinkedIn ist das internationale Pendant zu XING. Hier finden sich fast nur Fach- und Führungskräfte.

RUTH: In einem Fall hatte ich hier ein besonderes „Schockerlebnis". Tanja zeigte mir den Flyer einer Kollegin. Ich schaute mir die Vorderseite an und war irgendwie irritiert. Da ich wusste, dass sie mit dem Coach befreundet ist, sagte ich vorsichtig: „Komisch, ich hätte sie mir ganz anders vorgestellt!" Tanja lachte und meinte: „Kein Wunder, das ist ja auch nicht ihr Foto!" Ich war geschockt: Ein fremdes Bild auf dem eigenen Werbemittel? – Jetzt denken Sie nicht, dass die junge Frau unansehnlich war! Es fehlte einfach die Einsicht, dass das *eigene* Foto dort hingehörte. Ein kleiner Schubs hat gereicht – und heute wird der Flyer vom richtigen Kopf geziert.

TANJA: Wir wünschen Ihnen, dass auch Sie Ihren Kopf passend in Szene setzen und das Maximale aus Ihrem Fototermin herausholen. Damit dies gelingt, haben wir für Sie eine kleine Check-Box zusammengestellt:

Foto-Shoot-Check-Box:

❍	Buchen Sie Ihren Fotografen rechtzeitig! Fotos sind die Grundlage für alle Ihre Werbemittel.
❍	Haben Sie genug Zeit (mindestens eineinhalb Stunden) einkalkuliert?
❍	Haben Sie auch daran gedacht, eine Stylistin zu buchen? Zumindest Puder zum Abtupfen ist auch für die Männer enorm wichtig!
❍	Ist für Sie klar, was Sie mit den Fotos bewirken wollen?
❍	Was muss wie auf dem Foto abgebildet sein, damit Sie die gewünschte Wirkung erreichen? In welcher Umgebung, welcher Pose sind Sie auf dem Foto zu sehen?
❍	Welche Farbigkeit, welche Stimmung sollen die Fotos transportieren?
❍	Was benötigen Sie für die gewünschten Aufnahmen (z. B. Statisten, Gartentisch, Auto, Laptop ...)?
❍	Haben Sie eine Checkliste für alle wichtigen Einstellungen und Aufnahmen?
❍	Was ziehen Sie an – um sich und der Zielgruppe zu gefallen?
❍	Haben Sie an etwas zu essen für sich und das Foto-Team gedacht? Hungrig kommen Sie auf dem Foto „ungut rüber".
❍	Benötigen Sie nur Fotos von sich selbst? Oder möchten Sie auch andere Motive ablichten, wie Ihre Räume, Coaching-Utensilien etc.?

Mauerblümchen-Positionierung einmal ganz anders

Es ist also kein Zufall, dass die Fotos der Marketing-Mauerblümchen sehr unterschiedlich ausfallen. Bei Krishna sind sie schwarz/weiß und künstlerisch, bei dem jetzt folgenden, weiblichen Marketing-Mauerblümchen Melanie Moskob sprechen sie eine ganz andere Sprache:

Name:	Melanie Moskob
Coaching-Schwerpunkt:	Mütter mit Kleinkindern / Führungskräfte im Mittelstand
Websites:	↗ http://www.mamasstaerken.de, ↗ http://www.melanie-moskob.de

TANJA: Als ich 2008 Melanie zum ersten Mal sah, hatte sie bunte Federn am Kopf und ein ungewöhnliches Make-up aufgelegt. Aber es war Weiberfassnacht und ihre Verkleidung als Squaw stand ihr wirklich ausgezeichnet. Sie erzählte mir, dass sie irgendwann auch gerne mal etwas mit Coaching machen würde, und ich schwärmte ihr von meiner Ausbildung als systemischer Coach vor. Damals ahnte ich noch nicht, dass sie mich und Ruth Jahre später mit einem Marketing-Coaching beauftragen würde. Als es schließlich so weit war, haben wir erst einmal gründliche Arbeit bei der authentischen Positionierung geleistet.

RUTH: Bei Melanie zeigt sich, wie wichtig der Einsatz der eigenen Coaching-Mittel für ihre Positionierung war. Außerdem ist sie ein gutes Beispiel dafür, wie man auch als Marketing-Mauerblümchen gleich zwei Zielgruppen „bedienen" kann. Diese sind, was unheimlich wichtig ist, in ihrem Auftritt komplett getrennt – auch die Fotos sind nicht durchweg identisch: ↗ http://www.melanie-moskob.de und ↗ http://www.mamasstaerken.de

Lassen wir sie selbst zu Wort kommen:

RUTH: Wie bist du auf deine Positionierung gekommen?

MELANIE: Durch ein Gespräch mit Tanja, die mich nach bisherigen beruflichen Tätigkeiten und meinen Vorlieben fragte. Daraus ergab sich, dass das Thema „Mütter mit Kleinkindern" meine Herzensangelegenheit ist. Ich wusste genau, wie meine Zielgruppe aussieht, wo sie wohnt etc. Aber mir war ebenso wichtig, den Bezug zu meinem „Business" nicht aus den Augen zu verlieren. Und beides auch noch mit meinem Sport „Klettern" zu kombinieren. Ich bin halt mehr als nur ein Teil ☺.

Für mich war es wichtig, eine zusätzliche Runde zu drehen, um über meine Positionierung nachzudenken, mithilfe der mir zur Verfügung stehenden Tools aus dem Coaching.

RUTH: Bei Melanie zeigt sich auch, dass Mauerblümchen sich und ihre Profession sehr ernst nehmen und diese keineswegs „stiefmütterlich" behandeln.

RUTH: Was war dein wichtigster Schritt im Marketing – Stand heute?

MELANIE: Mir professionelle Unterstützung zu holen. Eine ganz klare Positionierung und mein Profil herausarbeiten. Weil Letzteres kritisch hinterfragt wurde, wurde ich mir immer klarer darüber, was ich will und was nicht. Viele Coaches „schlummern" relativ anonym in der unübersichtlichen Coaching-Landschaft vor sich hin, ohne dass sich ihr individuelles und oft einzigartiges Profil der Zielgruppe bemerkbar macht. Sich davon zu differenzieren nützt dem Coach und den potenziellen Klienten.

7.1.6 Gefahren für Mauerblümchen

Die größte Gefahr des Marketing-Mauerblümchens besteht darin, keine Klienten zu bekommen, denn leider ist es sehr schwer, diese in den „Mauerritzen des Coaching-Marktes" zu finden. Viele Mauerblümchen nutzen auch nur sehr begrenzt die Möglichkeiten der Suchmaschinenoptimierung im Internet oder die einer zielgruppengerechten Ansprache, sodass sie meist nicht gut gefunden werden. Und das im doppelten Sinne.

Die zweitgrößte Gefahr für die Mauerblümchen ist die, dass ihre Fachkompetenz nicht auf den ersten Blick erkannt wird. So mancher Interessent klickt gleich weiter, wenn er nicht bereits auf der Startseite merkt, dass dieser Coach tatsächlich der richtige für ihn ist.

TANJA: Da Marketing-Mauerblümchen auch im persönlichen Gespräch nicht immer mit ihrer fachlichen Kompetenz hausieren gehen, kann es leicht passieren, dass selbst Menschen im nahen Umfeld gar nicht wissen, welch hervorragenden Coach sie in ihrer Nähe haben.

7.1.7 Entwicklungswege für Mauerblümchen: So breiten sie sich aus

Manche Mauerblümchen gedeihen gut durch eine Verdrahtung im Netz. Zumindest erleben wir sehr oft, dass Marketing-Mauerblümchen gerade online aus sich herausgehen und dass ihnen dort sogar die Akquise sehr leicht von der Hand geht. Wenn Spaß an der Technik hinzukommt und die ersten Schritte online erfolgreich waren, werden viele der einstmaligen Mauerblümchen sukzessive zu Netzbürgern und freuen sich über die vielen (Netz-)Bekanntschaften. Denn wenn sich Mauerblümchen in ihrer Nische so richtig wohlfühlen, blühen sie auf und gehen ihre eigenen Wege.

TANJA: Dass diese Entwicklung tatsächlich möglich ist, zeigte uns zu unserem eigenen Erstaunen unsere liebenswerte „Mauerblümchen-Rose" Rosaria Bucceri. Sie nahm in der Schweiz an einem unserer Marketingseminare teil und erzählte der Gruppe völlig überzeugt, dass sie definitiv *keinen* Internetauftritt möchte. Es müsse auch anders gehen. Vielleicht Postkartenwerbung oder Flyer. Sie war deshalb damals unser „Bonsai-Mauerblümchen".

RUTH: Und dieses „Gewächs" ist in Kürze so schnell gewachsen wie ein Bambus. Schon am Nachmittag des ersten Seminartages bekam Rosaria doch etwas Lust, einige Werbemittel des Netzbürgers zu nutzen. Wenige Wochen später schickte sie uns ganz stolz eine Mail mit einem Link: Er führte uns zu ihrem schönen, ersten Internetauftritt:

Name:	Rosaria Bucceri
Coaching-Schwerpunkt:	Traumatische Erlebnisse, Ängste, Phobien, Stress
Website:	↗ http://www.rosaria.ch

Was sagt sie selbst dazu?

ROSARIA: „Obwohl ich NIE eine Internetseite wollte, freue ich mich sehr, nun doch eine zu haben und vor allem so viel Wertschätzung dafür zu bekommen. Wie ich weiß, wird sie fleißig angesehen und weiterempfohlen und somit werde ich wohl bald eine sehr berühmte Persönlichkeit sein ☺.

RUTH: Besonders toll finde ich die Vernetzung zu den anderen Kollegen aus der Schweiz, ganz unten auf der Seite. Einige davon werden Sie noch in den Folgekapiteln kennenlernen.

Jedes Mauerblümchen hat das Potenzial zur Koryphäe
Viele Mauerblümchen können sich schriftlich sehr gut ausdrücken und entdecken ein Talent zum Schreiben. Über Fachartikel und Beiträge für fremde Blogs wird dann oftmals aus dem Mauerblümchen unversehens eine Koryphäe, die auch dann als solche wahrgenommen wird, wenn sich das Mauerblümchen noch in die Felsspalte duckt.

Einige Mauerblümchen fühlen sich auch als Rampensau ... wohl
Gleich in unserem ersten Seminar hatten wir den Fall, dass das Mauerblümchen Gerda Ehrlich (↗ http://www.ehrlich-gesagt.com) am zweiten Tag, nach erfolgreicher wingwave-Intervention, fröhlich zur Rampensau wurde. Wir stellen sie und die von ihr genutzten Marketingmittel im Kapitel 7.4 noch näher vor.

7.2 Der Netzbürger

Der Netzbürger zeichnet sich dadurch aus, dass er wie das Mauerblümchen über eine Visitenkarte und einen Internetauftritt verfügt. Diese Homepage ist allerdings gepflegter und umfangreicher als die des „Blümchen-Kollegens". Zusätzlich nutzt er viele Möglichkeiten der Social Media, also z. B. Facebook, XING oder Twitter, geschickt für seine Werbung.

Marketing-Instrument	Mauerblümchen	Netzbürger	Koryphäe	Rampensau
	Flyer	(Flyer)	(Flyer)	Flyer
	Internet-Visitenkarte	Internetauftritt	Internetauftritt	Internetauftritt
	Visitenkarte	Visitenkarte	Visitenkarte	Visitenkartennutzung zu Werbezwecken
		Twitter	Twitter	Twitter
		Blog	Blog	Blog
		E-Newsletter	E-Newsletter	E-Newsletter
		XING, Facebook ...	XING, Facebook ...	XING, Facebook ...
			YouTube	YouTube
			Vorträge	Vorträge
			Bücher	Bücher
			Zeitschriften	Zeitschriften
			Seminare	Seminare
				Teebeutel mit Werbeaufdruck verteilen
				TV-Auftritt
				Kooperationen mit einem Nagelstudio
				Karnevalskostüm mit Werbung
				Autowerbung

7.2.1 Kurzvorstellung unserer Netzbürgerin

Name:	Julia Buchholz
Coaching-Schwerpunkt:	Interkulturelle Kommunikation / Personalentwicklung
Website:	↗ http://juliahaesungbuchholz.wordpress.com

"Where I was born and where and how I have lived is unimportant. It is what I have done with where I have been that should be of interest." (Georgia O'Keefe) – Dieses Motto hat Julia Buchholz über ihren Blog, also über ihr Online-Tagebuch geschrieben.

Julia ist Weltbürgerin, Coach – und eine Netzbürgerin im wahrsten Sinne des Wortes. Unsere ersten Marketing-Coaching-Termine mit Julia fanden über Kontinente hinweg statt. Denn Julia war als Dozentin an der *Seoul National University* in Südkorea tätig – und wir waren in Bonn.

Blog – Online-Tagebuch mit Anbindung

RUTH: Es war schön, dass wir uns schon gut ein halbes Jahr später persönlich kennenlernten, aber selbst jetzt, wo Julia in Hamburg ansässig ist, skypen wir immer noch gerne. Die Idee zu einem Blog, der für Julia weit geeigneter schien als eine „feste Website", formierte sich bei mir schon während des ersten Gespräches. Julia konnte gut formulieren, hatte ein Händchen für spannende Themen und war einfach mit Feuer und Flamme dabei. Allerdings war sie anfangs skeptisch, ob ein Blog ihr bei der Vermarktung wirklich hilfreich sein könnte. Aber als wir einige positive Beispiele durchsprachen, ließ sie es auf einen Versuch ankommen.

Im Oktober 2010 rief Julia ihren Blog unter dem schönen Namen „Deutschland-Korea-hoch2" ins Leben und stattete ihn perfekt aus: Mit ihrem Profil, tollen Bildern und interessanten Artikeln bereitet sie nicht nur ihren Lesern regelmäßig Freude, sondern wird auch von potenziellen Arbeitgebern und Multiplikatoren angesprochen.

Von jedem neuen Blogeintrag veröffentlicht Julia den Direktlink zum Artikel auf dem Online-Kurznachrichten-Portal Twitter und gewinnt so mit einem Mausklick mehr Leser für ihren Blog.

Da ein Blog und auch Twitter von kontinuierlichen neuen Einträgen leben, muss man im Alltag Zeit dafür einplanen. Wir haben Julia gefragt, wie sie das – so scheinbar mühelos – schafft:

JULIA: Ich erhalte regelmäßig Newsletter und Info-Letter zu für mich interessanten Suchschlagwörtern und verarbeite diese in den Twitter-Nachrichten bzw. kommentiere sie eingebunden in eigene Artikel ausführlicher im Blog. Bei meinem Blog ist für mich wichtig, dass Einträge regelmäßig erscheinen, mit nicht zu großem zeitlichem Abstand, und wie aktuell ein Thema für mich persönlich ist.

RUTH: Wie schaffst du es, regelmäßig dranzubleiben?

JULIA: Ganz einfach: Es macht mir mittlerweile richtig Spaß. Davon abgesehen habe ich gemerkt, dass es sich für mein Marketing positiv auswirkt, zu bloggen und zu twittern.

RUTH: Das freut uns! Wie hast du es geschafft, dass du auch über das Web so authentisch wirkst?

JULIA: Ihr habt mir die Bedenken hinsichtlich Blog und Twitter genommen und ansonsten habe ich einfach gemacht ☺. Einfach so, wie ich es halt gut finde! Mein Rat an alle Leser: Authentisches Marketing ist genau auf die eigene Person und ihre Bedürfnisse und Eigenschaften maßgeschneidert. Es hilft dabei, Neukunden zu gewinnen, Aufmerksamkeit im Netz auf sich zu lenken oder an Organisationen heranzutreten. Insbesondere Webseite und Blog sind die Türöffner für neue Projekte und spannende Herausforderungen.

About.me – eine Seite für Ihr (Online-)Leben

Im Moment hat Julia noch keine Homepage. Wenn Sie jetzt denken, dass das ja gar nicht typisch ist für eine Netzbürgerin, dann irren Sie sich. Die Tendenz geht weg von statischen Websites und hin zu Seiten, die inhaltlich immer wieder Interessantes bieten – wie z. B. Julias Blog. Außerdem gibt es Möglichkeiten für sich zu werben, die eben nur ein wahrer Netzbürger kennt: ↗ https://about.me/ Diese Plattform ist ein echter Geheimtipp, der sich auch für alle anderen Marketingtypen eignet – vor allem dann, wenn man noch keinen eigenen Internetauftritt hat.

TANJA: Selbstverständlich finden Sie auch Julia dort: ↗ http://about.me/julia.buchholz. Aber auch Melanie Moskob, eines unserer Mauerblümchen aus Kapitel 7.1 ist unter ↗ http://about.me/Melaniemoskob auf dieser Plattform zu finden. Ruths Seite dort gefällt mir auch sehr gut:

Der Vorteil dieser aus einer Seite bestehenden „Visitenkarte" bei about.me ist, dass sie eine präzise Selbstdarstellung ermöglicht, in die Sie alle Online-Kommunikationskanäle integrieren wie z. B.:

- einen Account auf der Fotoplattform Flickr,
- Ihren Blog,
- Ihren E-Mail-Kontakt,
- Ihre Internetseite/n,
- Ihre/n Film/e auf YouTube,
- Ihr XING-Profil,
- Ihr Facebook-Profil
- und vieles mehr ... und das alles kostenfrei.

RUTH: Jeder Besucher dieser Seite kann sich überlegen, wo er sich gerne mit Ihnen vernetzen oder auf welchem Wege er Sie gerne kontaktieren würde. Und vor allem: Sie haben einmal den (geringen!) Aufwand, diese Seite zu erstellen, und müssen sich um keine technischen Details kümmern. Diese Mini-Seite erfordert kaum Pflege.

TANJA: Gerade für vielseitige Menschen ist dieser „Einseiter" im Netz der ideale Weg, alle Facetten ihrer Persönlichkeit auf einem Blick zu zeigen. Wir sagen immer, das about.me einen Stapel unterschiedlicher Visitenkarten erspart – wobei: Netzbürger haben da noch ganz andere Lösungen parat ...

Eine Visitenkarte für Netzbürger

Durch die technischen Entwicklungen werden Visitenkarten bald – zumindest für die Netzbürger unter uns – überflüssig. So drückte uns Dennis Potreck am Ende eines unserer Seminare keine Visitenkarte in die Hand. Lediglich auf Tanjas iPhone gab es ein Piepsen – und es verzeichnete einen Kontakt mehr.

TANJA: Ich war total überrascht. Noch nie zuvor habe ich eine so perfekt ausgefüllte Handy-Visitenkarte gesehen. Eigentlich hat diese Möglichkeiten ja jeder. Aber wer füllt denn bei seinen eigenen Daten im Adressbuch schon brav alle Felder aus?

7.2.2 Die Königsdisziplin der Netzbürger: bestens vernetzt

Grundsätzlich zeichnet Netzbürger aus, dass sie, obwohl sie keine Technik-Freaks sind, wenig Bedenken bzw. gar Angst vor Neuerungen haben und gerne ausprobieren, was die neuen Technologien hergeben. Alle sozialen Netzwerke wie Facebook, XING und LinkedIn sind beliebte Tummelplätze von Netzbürgern. Dabei sind diese keineswegs immer online, sondern nutzen diese Netzwerke gezielt zur Kontaktpflege und bedienen sich der Technik, um auf dem neuesten Stand zu bleiben – und um neue Ideen zu generieren.

Netzbürger belassen es nicht bei einem einmaligen Eintrag und sorgen für ein gutes Profil, sondern sie nutzen alle Möglichkeiten, die ihnen geboten werden, egal ob es regelmäßige Einträge auf der Facebook-Pinnwand sind, Statusmeldungen bei XING oder Rezensionen bei ↗ http://www.stumbleupon.com/[16]. Wie Hänsel und Gretel hinterlassen Netzbürger ihre Spuren im digitalen Dschungel, mit dem Unterschied, dass diese Brotkrumen sie nicht wieder auf den Weg nach Hause leiten, sondern neue Kunden auf den Weg zu ihnen locken sollen.

RUTH: Tanja – die Brotkrumen wurden doch im Märchen von den Vögeln gefressen …

---

16 StumbleUpon (ins Deutsche übersetzt „drüber stolpern“) ist ein spezieller Internet-Recherchedienst, der das Sammeln, Verteilen und Rezensieren von Webinhalten automatisiert. Es ist außerdem möglich, nach Themenbereichen zu stöbern.

Vorurteil: Netzbürger sind immer junge Coaches

Nicole Boeglin ist ein gutes Beispiel dafür, dass Netzbürger nicht unter 30 sein müssen. Sie ist schon länger privat bei Facebook unterwegs und nun ist sie es auch mit ihrer Coaching-Praxis. Dort konnten wir jeden Schritt in die Selbstständigkeit verfolgen – bis zur Fertigstellung ihrer eigenen Website.

Name:	Nicole Boeglin
Coaching-Schwerpunkt:	Menschen in außergewöhnlichen Lebenssituationen
Website:	↗ http://www.boeglincoaching.ch

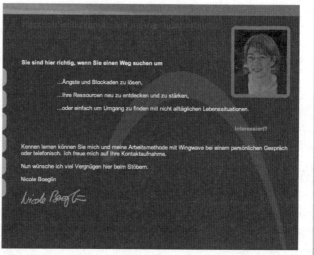

Auf der privaten Facebook-Seite, die durchaus auch auf ihre berufliche Ausrichtung einzahlt, zeigt die begabte Hobby-Fotografin gerne neue Fotos und lässt Freunde und Kontakte an Urlaubsreisen und ihrem bewegten Alltag teilnehmen. Was hat das mit ihrem Beruf zu tun und wie zahlt sich das aus?

RUTH: Ganz einfach: Gerade der Job als Coach ist eine zutiefst persönliche Dienstleistung. Der Kunde möchte wissen, mit wem er es zu tun hat. Schöne Fotos wirken auf viele Leute ansprechend, zumal das Hobby Fotografie von vielen geteilt wird. Nicole bietet damit einen Anknüpfungspunkt und ermuntert dazu, immer mal wieder bei ihr reinzuschauen. Über ihr Interesse an Kunst im Allgemeinen werden ganz andere Klienten zu ihr finden als bei einem Coach, der auf seiner Facebook-Seite Bilder von seinen Hunden zeigt.

Tanja: Sie ist außerdem ein Beispiel dafür, wie Facebook – wenn man es denn will – in das reale Leben hineinspielen kann. Gerade bei Nicole und ihrem Umfeld werden auch spontane Verabredungen über Facebook getroffen; das „Offline-Leben" wird also keineswegs vernachlässigt.

> **Achtung:** Aus Marketing-Sicht empfehlen wir vielen Kunden die Nutzung von Facebook. Dennoch erntet dieses Portal nicht ohne Grund aus Datenschutzgründen viel Kritik! Wenn Sie also dort präsent sein möchten, wägen Sie vorher Nutzen und Risiken gegeneinander ab und treffen Sie die für Sie stimmige Entscheidung.

7.2.3 Was können Netzbürger darüber hinaus noch für sich und ihren Auftritt tun?

Kooperationen für Netzbürger

Netzwerken ist online wirklich nicht schwer. Von sehr breit genutzten Plattformen wie Facebook, Anwendungen wie foursquare[17], über rein berufliche Netzwerke wie LinkedIn bis hin zu thematisch stark spezialisierten Foren wie dem wingwave-Campus von Dirk W. Eilert. Der Netzbürger wird überall und ständig nach Anbindung oder gar der großen Öffentlichkeit suchen. Auch der Umgang mit Datenbanken und Coaching-Pools ist für Netzbürger eine einfache Übung.

Tanja: Sie tragen sich nicht nur dort ein, sondern suchen Kooperationspartner und knüpfen Kontakte, die Sie bei Gelegenheit auch durch Telefonate oder persönliche Treffen vertiefen. Über die Eintragungen hinaus finden sich auf den Plattformen oft Interessierte zusammen.

Ruth: Diese Gruppendynamik kann sich jeder Netzbürger zunutze machen und Gruppen selbst gründen, Moderator werden und aktiv dazu beitragen, dass sich die Leser und Mitglieder austauschen.

---

17 **Foursquare** ist ein soziales Netzwerk, das die GPS-Fähigkeit von mobilen Endgeräten nutzt, um den aktuellen Standort der Benutzer festzustellen. Diese können daraufhin an den Standorten „einchecken" und erhalten dafür Punkte und Abzeichen (Badges).

Suchmaschinenwerbung – zum Beispiel mit Google-AdWords

Suchmaschinenwerbung ist – im Gegensatz zur Suchmaschinenoptimierung (s. Kapitel 8.1.2) – eine Möglichkeit, durch kostenpflichtige Werbeanzeigen in den Suchmaschinen besser gefunden zu werden.

RUTH: Diese Kleinanzeigen in Suchmaschinen sind längst nicht mehr unbekannt, Stichwort „Google-AdWords". Diese themenbezogene Werbung ist eine raffinierte Art, Kunden zu gewinnen, und kann äußerst lukrativ sein. Da die Anzeigen nach der Eingabe eines Suchbegriffes rechts am Rand oder über den eigentlichen Suchergebnissen erscheinen, werden sie von Suchenden nicht als Störfaktor wahrgenommen, sondern eher als hilfreich empfunden.

Sie können mit Google-AdWords wunderbar experimentieren, da Sie Ihr Budget begrenzen können. So ist das Risiko sehr gut kalkulierbar.

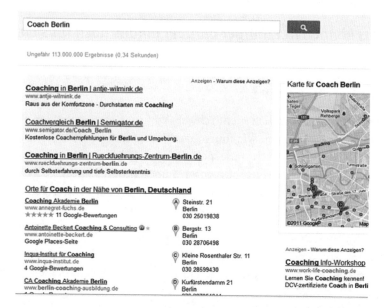

Darüber hinaus sammeln Sie neben neuen Erkenntnissen über Ihre Zielgruppe (Was spricht Sie an, was nicht?) bestimmt auch den ein oder anderen Neukunden ein.

RUTH: Ich habe die Erfahrung gemacht, dass viele Coaches mit dieser Werbemöglichkeit noch Berührungsängste haben. Dabei ist die Google-Anleitung, die durch den Prozess der „Anzeigenannahme" führt, recht gut und verständlich. Ich habe Ihnen hier noch eine Check-Box zusammengestellt – dann kann gar nichts mehr schiefgehen.

Check-Box: Google-AdWords, Ihre Kleinanzeige im Netz

○	Haben Sie schon ein Google-Konto? Falls nicht, bitte eröffnen Sie eines.
○	Bei welchen Schlüsselwörtern (Keywords) soll Ihre Anzeige erscheinen? Wie und wonach sucht Ihre Zielgruppe? Stellen Sie aus diesen Begriffen Ihre Keywords zusammen.
○	Haben Sie schon einen kurzen Text (95 Zeichen) für die Kleinanzeige? Schon in der Überschrift sollte der Kundennutzen sichtbar sein.
○	Haben Sie Ihre Internetadresse auch in die Anzeige aufgenommen?
○	Ist Ihre Website so angelegt, dass Interessenten auf der richtigen Seite (Landing-Page) landen und dort die relevanten Informationen vorfinden?
○	Haben Sie Ihr Budget festgelegt? Sie können sowohl ein Tagesbudget angeben als auch den maximalen Preis pro Klick.
○	Wo erscheint die Anzeige und wann? Auf Deutsch? In jedem Bundesland? All das und mehr können Sie detailliert festlegen.
○	Sind Sie mit den Auswertungsmöglichkeiten vertraut? Experimentieren und überlegen Sie, ob Sie neben den Funktionen, die Google Ihnen im Verwaltungsbereich Ihrer AdWords zu Verfügung stellt, auch Google Analytics verwenden möchten.
○	Kontrollieren Sie mehrmals im Monat Ihre AdWords-Statistik? Für den größten Nutzen müssen Sie dranbleiben. Gerade am Anfang erfordern die AdWords eine ständige Optimierung.

Darf es noch etwas mehr sein? Technik für Netzbürger

Auch die Teilnahme an Webinaren[18] oder die Möglichkeit, selbst welche zu geben, liegt extrovertierten Netzbürgern nicht fern. Im Gegenteil, ob Webcast[19], Podcast[20] oder Interviews für Online-Sender – Netzbürger sind gerne Pioniere.

---

18 Ein **Webinar** bezeichnet ein Seminar, das über das World Wide Web gehalten wird.

19 Quasi eine Radiosendung über das Web (der Wortteil „cast" kommt von „broadcast" (deutsch: Ausstrahlung / Übertragung), häufig live mit der Möglichkeit zur Interaktion.

20 Mit einem **Podcast** können Sie Ton- und Videodateien via Internet verfügbar machen.

E-Newsletter passen perfekt für mutige Netzbürger, die etwas zu sagen haben

Auch die klassischen Werbemittel wie Kunden-Briefe haben längst ihre Entsprechungen im Netz gefunden. So lassen sich Kunden und Interessenten über einen E-Mail-Verteiler viel leichter und kostengünstiger erreichen als per Brief. Mal abgesehen davon, dass Sie das Einverständnis Ihrer Empfänger benötigen (sonst ist das Spam!): Ein E-Mail-Newsletter ist eine tolle Sache – wenn er in den richtigen Abständen kommt und spannende, lesenswerte Inhalte übermittelt. Wer regelmäßig Neuigkeiten per Mail verschicken will, findet im Netz kostengünstige Lösungen für Newsletter-Dienste, die z.B. eine Anmeldung und auch eine leichte Abmeldung (rechtlich wichtig) möglich machen – ohne dass Sie die Änderungen jedes Mal manuell einpflegen müssen.

Wo laufen Sie denn? Den richtigen Weg finden, ohne sich zu vergaloppieren

Mit den bisherigen Beispielen haben wir die Bandbreite von Social Media nur ansatzweise umrissen. Jeden Tag tun sich neue Möglichkeiten auf: Es erscheinen neue Applikationen für alle möglichen mobilen Endgeräte, es entstehen neue Plattformen und Netzwerke. Es ist heute schon eine Kunst, die wichtigsten sozialen Netzwerke regelmäßig zu aktualisieren. Aber natürlich gibt es dafür auch längst – technische – Hilfen.

RUTH: So können Sie, wie Julia Buchholz, Google-Alerts oder RSS-Feeds[21] nutzen, um aktuell informiert zu sein. Oder als „Mega-Netzbürger" integrieren Sie natürlich RSS-Feeds auf Ihrer eigenen Website.

TANJA: Auch für die eigenen Veröffentlichungen gibt es Tricks und Kniffe. So sind Dienste wie Twitter, Google+[22] und auch Facebook miteinander verbunden. – Sie müssen nur einmal Inhalte einstellen und sie erscheinen auf allen Plattformen.

RUTH: Aus Marketingsicht möchte ich dir hier leicht widersprechen. Es ist schon wichtig, dass die Inhalte nicht ganz identisch sind. Jede Plattform hat ja so ihre Eigenheiten.

Auch müssen Sie heute nicht jedes Mal zwangsläufig vor dem Rechner sitzen, wenn irgendwo eine Meldung von Ihnen erscheint: Es gibt Systeme, die automatisch z.B.

---

21 Durch RSS-Feeds werden Sie informiert, wenn z.B. auf einem Blog neue Inhalte veröffentlicht werden. Sie brauchen dort nicht nachschauen sondern erhalten automatisch eine Nachricht über neue Veröffentlichungen – mit einem direkten Link zur aktuellen Meldung.

22 Noch ein soziales Netzwerk, von Google; funktioniert letztendlich genauso wie Facebook.

twittern. Die Inhalte können Sie Wochen im Voraus eingeben. Damit sind Sie vielleicht nicht brandaktuell, bieten dafür aber kontinuierlich Inhalt.

TANJA: Neben den ganzen technischen Möglichkeiten sollten Sie die Inhalte nicht vergessen. Wer seinen Blog oder seine Social-Media-Aktivitäten richtig ernst nimmt, der hat, wie auch alle anderen Publizierenden, einen Redaktionsplan: Was ist wann wichtig? Was will ich in den Sommerferien veröffentlichen? Wie schaffe ich es, mein Seminar rechtzeitig im Blog zu bewerben? Mit einem Plan für Ihre Veröffentlichungen wird vieles einfacher, zielgerichteter und für den Leser interessant und abwechslungsreich.

7.2.4 Gefahren für Netzbürger

So technisch versiert die Netzbürger auch sind – manchmal verstecken sie sich zu sehr unter dem Deckmantel des „WWWs". Sie kennen sich im Netz bestens aus und reagieren oft mit Unverständnis, dass nicht jeder bei Facebook vertreten sein will oder noch kein Profil bei about.me hat.

Sobald der Netzbürger über seinen Bildschirm hinausblickt, stehen ihm plötzlich noch ganz andere Möglichkeiten zur Neukundengewinnung und Persönlichkeitsentwicklung offen ...

TANJA: Vielleicht denkt dann die Netzbürgerin beim morgendlichen Zwitschern der Vögel nicht immer daran, jetzt noch einen Tweet bei Twitter absetzen zu müssen ☺.

7.2.5 Entwicklungswege für Netzbürger: Vom Schreibtisch in die weite Welt

Freifahrschein zum Koryphäen-Status

Allen Netzbürgern steht der Weg zur Koryphäe frei. Er braucht dafür nur eine gute Idee, auf welchem Gebiet er sich auf authentische Weise spezialisieren kann.

TANJA: Im nächsten Kapitel zeigen wir Ihnen, welche Ideen Ihre Kollegen dazu hatten. Ich z. B. fand die Wirkungsweise der Coaching-Methode wingwave so überzeugend, dass ich darüber alles wissen und lernen wollte. So wurde ich zur „wingwave-Koryphäe" und hatte automatisch meinen Schwerpunkt. Dieser hat sich mittlerweile noch einmal verfeinert ... Sicherlich gibt es auch bei Ihnen etwas, das Sie besonders gut können oder Sie besonders interessiert.

Vom Netzbürger zur Rampensau ...

RUTH: Dennis Potreck ist ein gutes Beispiel dafür, dass Netzbürger, die etwas extrovertierter sind, sich gerne eine Scheibe von der Rampensau abschneiden und sich auch in diese Richtung weiterentwickeln.

TANJA: Hier im Bild sehen Sie Dennis bei einer Übung aus einem unserer Marketingseminare. Jeder Teilnehmer stellt sich in der Vorstellungsrunde in unser Marketingtypendiagramm und zeigt, welcher Marketingtyp er ist und zu welchem Typ hin er sich weiterentwickeln möchte. Dennis Hände sind noch bei der „Mouse", die für den Netzbürger steht, während er bereits bei der Marketing-Rampensau Fuß fasst. Wir verfolgen diese Entwicklung ...

7.3 Praxisbeispiele für die Koryphäe

Die Koryphäe zeichnet sich dadurch aus, dass sie alle Marketingmittel des Marketing-Mauerblümchens nutzt und sich nach Belieben aus dem Portfolio des Netzbürgers bedient. Zusätzlich nutzt die Koryphäe Fachartikel, Seminare, Vorträge, Bücher oder Filme dafür, sich als Expertin für ein Spezialgebiet zu etablieren. Die Internetseite macht einen seriösen Eindruck und zeigt, dass hier eine Fachfrau mit viel Know-how, Berufserfahrung und Einfluss zu finden ist, die ihr Wissen gerne teilt.

	Mauerblümchen	Netzbürger	Koryphäe	Rampensau
Marketing-Instrument	Flyer	(Flyer)	(Flyer)	Flyer
	Internet-Visitenkarte	Internetauftritt	Internetauftritt	Internetauftritt
	Visitenkarte	Visitenkarte	Visitenkarte	Visitenkartennutzung zu Werbezwecken
		Twitter	Twitter	Twitter
		Blog	Blog	Blog
		E-Newsletter	E-Newsletter	E-Newsletter
		XING, Facebook ...	XING, Facebook ...	XING, Facebook ...
			YouTube	YouTube
			Vorträge	Vorträge
			Bücher	Bücher
			Zeitschriften	Zeitschriften
			Seminare	Seminare
				Teebeutel mit Werbeaufdruck verteilen
				TV-Auftritt
				Kooperationen mit einem Nagelstudio
				Karnevalskostüm mit Werbung
				Autowerbung

7.3.1 Kurzvorstellung unserer Koryphäe

Name:	Gudrun Teipel
Coaching-Schwerpunkt:	Berufsentwicklungs- und Karrierecoaching
Website:	↗ http://www.bleiben-sie-im-fluss.de

Gudrun Teipel ist ein Mensch mit viel Berufserfahrung. Verkaufen und Veränderung – diese zwei Wörter bringen ihre Geschichte auf zwei Nenner.

Sie hat im Hotelgewerbe ihre ersten Karriereschritte gemacht und die Offenheit für Neues, ihre Neugierde auf andere Menschen und die ständige Optimierung für Kunden sind aus ihrem Berufsweg nicht wegzudenken. Ihre Karriere im Vertrieb hat sie mit vollem Einsatz gefahren – nur zu gut kennt sie den Berufsalltag, und auch den Stress hinter einem solchen Karriereweg. Sie weiß, wie es ist, jeden Tag in einem anderen Zimmer aufzuwachen und bei der täglichen Arbeit ohne Rücksicht auf die eigene Konstitution auch schon mal einen Schritt zu weit zu gehen.

TANJA: Als systemischer Coach, ausgebildet an der European Business School, Oestrich-Winkl, Rheingau, weiß sie, was hinter Zahlen und Zielen im Menschen wirklich vorgeht … Bei ihr sind alle diejenigen gut aufgehoben, die noch nicht wissen, wo es beruflich hingehen soll, die mit ihrem Job hadern oder an eine berufliche Neuorientierung denken.

RUTH: Als Gudrun zu uns kam, war sie als Coach etwa ein Jahr „am Markt" und keineswegs unerfolgreich. So wurde ihr im Februar 2011 Platz zwei des Gründerwettbewerbs Rhein-Main zugesprochen, die Presse war schon auf sie aufmerksam geworden und die ersten Coachings liefen so gut, dass die Mund-zu-Ohr-Propaganda angelaufen war.

Bedingt durch ihre Ausbildung, tat sie sich mit Vertrieb und Marketing nicht besonders schwer und hatte trotzdem das Gefühl, noch sehr viel präsenter sein zu können. Ein Grund dafür war, dass Gudrun gleich zu Beginn ihrer Selbstständigkeit mit einer schwierigen Situation kämpfen musste. Auch als diese sich aufgelöst hatte, spürte sie immer noch eine Beeinträchtigung, die sie daran hinderte, richtig durchzustarten. Als Coach erkannte sie ihre Blockade und beschloss, externe Unterstützung in Anspruch zu nehmen. So kam Gudrun im Spätsommer 2011 zu uns.

TANJA: Als die belastenden Punkte in zwei Stunden dank wingwave abgearbeitet waren, stand fest, dass es wieder mit voller Kraft vorausgehen konnte. Nach fast einem Jahr der Selbstständigkeit war es Gudrun zudem ein Anliegen, alles einmal neu zu „beleuchten". Schon bald war klar, wo es gehakt hatte. Ihr größter Marketingfehler, so sagt sie heute, sei gewesen, „dass ich mich zu Anfang meiner Selbstständigkeit über einen anderen „Kunst-Namen" positioniert habe und nicht selbst als Person in Erscheinung getreten bin. Für mich ist es immer wieder die Gratwanderung, nicht zu viel zu machen und mich auf das wirklich Wesentliche zu konzentrieren und auf das, was mir richtig Spaß macht. Das ist mir auch für die Zukunft wichtig, denn Coaches sind Unternehmer, auch wenn das für viele noch ungewohnt klingt. Deshalb stelle ich mein *Tun* regelmäßig auf den Prüfstand, indem ich mich frage: ‚Was läuft gut, wovon soll es mehr sein, was kann ich weglassen, was will ich als Nächstes erreichen und welche Vision habe ich für mein Unternehmen?'"

RUTH: Die Re-Positionierung war enorm wichtig weil es galt, sich nicht länger zu verstecken, sondern sich selbst nach vorne zu stellen – und sich wohl dabei zu fühlen. Klar, dass damit auch neue Fotos wichtig wurden. Es war, so finden wir, ein Riesenschritt, nach nur 18 Monaten einen kompletten Relaunch der Website zu starten – aber es hat sich gelohnt.

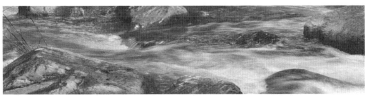

Bleiben Sie im Fluss.

Schön, Sie auf meiner Seite begrüßen zu dürfen.

Die Welt ist in Bewegung – im Fluss!

Permanente Veränderung spielt heute im Berufs- wie auch im Privatleben eine immer wichtiger werdende Rolle. Denn Veränderung ist nicht nur Notwendigkeit, sondern auch die Chance zu wachsen und ein neues, erfülltes Leben zu beginnen.

Wechseln Sie die Perspektive, geben Sie Ihrem Leben neue Impulse und entdecken Sie Ihr Potenzial. Sie haben die Wahl.

Finden Sie heraus, was Sie im Leben antreibt und verwirklichen Sie Ihre

Home
Im Flow
Coaching
Profil
Referenzen
Aktuelles
Medien
Downloads
Inspirationen
Kontakt

Aktuelles

Impulsvortrag „Im Flow sein - Beruf und Lebensumstände finden, die zu Ihnen passen" Business Netzwerk weiblicher Führungskräfte der Verbände DFK und BME, Rhein-Main Region mehr dazu, ☞ hier

Erlebnisabend „Im Flow sein- Beruf und Lebensumstände finden, die zu Ihnen passen". Dienstag, 06. September 2011 vhs Main-Taunus-Kreis mehr dazu, ☞ hier

Workshop „Im Flow sein-

Startseite der alten Website

Eine geglückte Karriere ist wie ein guter Lebensweg – nie schnurgerade, immer individuell und ein wenig abenteuerlich

Startseite
Angebot
Profil
Roadshow
Referenzen
Kontakt

- Sie machen gerade Ihre ersten Schritte im Berufsleben?
- Sie sehnen sich nach neuen Herausforderungen?
- Sie sind nicht glücklich und leiden unter Ihrem Berufsalltag?

Vom ersten Schritt im Job bis zum Neubeginn nach einem Karriereknick, vom Lampenfieber bei Vorstellungsgesprächen bis zur Entwicklung von Leadership-Qualitäten auch in Konflikten. Für **Ihren ganz eigenen Karriere-Weg** bin ich, geprägt durch meine Lebens- und Berufserfahrung, ein geeigneter Sparringspartner für Sie.

Als erfolgreiche Managerin im Vertrieb bin ich heute als systemischer Coach ☞ (European Business School, Rheingau) mit ganzem Herzen und geballtem Wissen Ihr (Karriere-)Begleiter.

Ich freue mich auf ein Gespräch mit Ihnen.

Ihre Gudrun Teipel

P.S. Treffen Sie mich auf der **women&work in Bonn, Der Messe Kongress für Frauen, Samstag, 05. Mai 2012** von 10:00 Uhr bis 18:00 Uhr. Plenargebäude des WCC, Platz der Vereinten Nationen, 53113 Bonn

Kontakt

Gudrun E. Teipel
Am Steinberg 47
D – 65719 Hofheim a. T.

Fon: +49 6192 951 56 43
Fax: +49 6192 951 56 44

☞ Email

Startseite der neuen Website

Tanja: Der Unterschied der beiden Startseiten zeigt, was wir mit authentischem Marketing meinen. Gudrun zeigt sich so, wie sie ist. Von der Startseite angefangen.

Gudrun: Mein Entwicklungsprozess und die daraus gewonnenen Erkenntnisse und deren Umsetzung sowie die neu gewonnene „Klarheit" strahlen nach außen und meine Haltung und mein Tun entsprechen vielmehr dem, wie / wer ich bin.

Ruth: Diese Klarheit, diese Art Präsenz zu zeigen, wirkt sich auch auf ihren Terminplan aus. Der ist mit Messen, Vorträgen und Coachings gespickt. Deshalb möchte sie gerne Ihnen folgenden Rat mitgeben:

Gudrun: Kontinuierlich dort hingehen, wo du deine Zielgruppe triffst, Präsenz zeigen und nachhaltigen positiven Eindruck hinterlassen. Sei Unternehmer in eigener Sache, gib nicht so schnell auf und vor allem bleibe am Ball.

Gudrun ist ein gutes Beispiel dafür, wie der Kalender erfolgreich und zielstrebend zu füllen ist: Alleine im ersten Quartal 2012 standen für sie der Relaunch der Website, ein Mailing an alle bestehenden Kontakte, ein Feature in einer regionalen Zeitung und ein E-Newsletter an. Und auch der Infoerlebnisabend bei der VHS will vorbereitet sein. Im März stehen dann noch zwei Messen und ein Workshop auf dem Programm ...

7.3.2 Die Königsdisziplin der Koryphäe: Mit Wissen glänzen – Vorträge, Seminare, Workshops, Messen und mehr

Koryphäen geben ihr Wissen gerne weiter und lernen ständig dazu. Sie trauen sich vor allem zu, Wissen und Erkenntnisse weiterzugeben, ohne an ihrem Expertenstatus zu zweifeln. Aber nicht allen Koryphäen fällt das von Anfang an leicht ...

Tanja: Ich weiß, wie es bei meinem ersten NLP-Vortrag war! Ich war frisch gebackener NLP-Practitioner und dachte, dass ich eigentlich noch viel mehr wissen müsste, bevor ich darüber einen Vortrag vor 30 Bankenexperten halte.

Ruth: Das ist ein weitverbreiteter Denkfehler. Du musst nicht die Super-Spezialistin mit dem absoluten Top-Wissen sein. Es reicht, mehr zu wissen als die Zuhörer – und schon ist man ein (kleiner) Experte.

Tanja: Wir Coaches sind uns oft gar nicht bewusst, wie viel wir wissen und wie spannend dieses Know-how für Außenstehende ist. Da reicht schon ein kleines Torten-Stück aus, um den Wissenshunger im Auditorium zu stillen. Warten Sie nicht, bis Sie die ganze Torte anbieten können. So viel auf einmal können Ihre Zuhörer gar nicht verdauen.

Ruth: Wenn Sie Ihr Wissen jetzt noch mit Verve und guten Beispielen oder Ideen vortragen, dann sind Sie eine echte Koryphäe, die gefragt und gebucht wird.

Name:	Désirée Holenstein
Coaching-Schwerpunkt:	BarfussCoach für mentale und körperliche Freiheit
Websites:	↗ http://www.desiree-holenstein.ch, ↗ http://tip2toe-balance.blogspot.de

Ein weiteres gutes Beispiel für eine Koryphäe ist Désirée Holenstein aus Winterthur in der Schweiz. Sie ist Coach **und** Expertin für Biokinematik, einem von Walter Packi entwickeltem Training rund um das Wissen der „Beweglichkeitsgesetze".

In der Vermittlung ihres Wissens spielt ihre eigene Geschichte eine wesentliche Rolle. Sie, die in jungen Jahren selbst unter beschwerlichsten Rückenschmerzen litt, kann sehr überzeugend und aus eigener Erfahrung berichten, wie die Biokinematik ihr geholfen hat. Das ist sicherlich auch der Grund dafür, dass sie – obwohl ihr die Arbeit als „reiner Coach" durchaus Freude bereitet – im Biokinematik-Training ihre absolute Stärke sieht.

Es müssen nicht immer zwei getrennte Werbeauftritte sein

Désirée trainiert mit den Menschen Biokinematik, ohne explizit als systemischer Coach zu arbeiten. Ihre Fortbildungen, z. B. als wingwave-Coach, machen den Umgang mit den Klienten natürlich um vieles einfacher und sind für das Training sehr sinnvoll. Auch wenn die Menschen mit Schmerzen an der Achillessehne zu ihr kommen, fließt ihr Coachingwissen wie nebenbei in ihre Arbeit ein.

Ruth: Ganz unauffällig werden die Kunden über den „Wandschmuck" der Praxis auf Désirées zweites Standbein aufmerksam gemacht. Sie hat nämlich eine Auswahl hinderlicher Glaubenssätze an die Wand des Trainingsraums gepinnt. Während sie ihre Beweglichkeitsübungen ausführen, können die Klienten so gleichzeitig diese Glaubenssätze in Augenschein nehmen und bei Bedarf Désirée direkt ansprechen. So versetzt sie die Menschen in Bewegung – äußerlich und auch innerlich.

Tanja: Zum authentischen Marketing gehört auch, dass sie auf ihrer Website ganz bewusst ihren Coaching-Background erwähnt, – aber sich gezielt an die Biokinematik-Zielgruppe wendet.

Ein Navigationspunkt auf ihrer Website heißt „Referentin auf Achse" und tatsächlich sorgt Désirée dafür, dass sie ihr Wissen regelmäßig weitergeben kann. Ob es der Fachartikel für eine deutsche Sportzeitung ist oder die Einführung in das Ganzkörper-Training beim frauenNetz in der Heimat Winterthur. Das sagt sie selbst dazu:

Désirée: Ich fokussierte mich im Laufe des letzten Jahres nur noch auf die Biokinematik und auf das entsprechende Re-Design meiner Website. Auf diese Weise kamen meine Marketingideen wieder ins Fließen. Und mein Umsatz Anfang dieses Jahres hat sich auf das Zweieinhalbfache gesteigert.

Auch anderen Coaches rät sie: „Fokus finden – Was möchte ich anbieten? Zielgruppe – Wen möchte ich dadurch ansprechen? So kann man sich viel Zeit, Geld sparen und dadurch auch Energie sparen."

7.3.3 Was können Koryphäen noch für sich und ihren Auftritt tun? – Beispiel Filme

Filme als Mittel für ein breiteres Publikum

Désirée hatte schon während eines unserer „Coach, your Marketing"-Seminare die Idee zu einem Film über Biokinematik. Als wir feststellten, dass es auf großen Video-Plattformen wie YouTube zu diesem Thema noch nichts Interessantes gab, wollten wir natürlich, dass Désirée damit die Erste ist! Es begann eine intensive Zeit der Vorbereitung: Wir überlegten gemeinsam, was der Film zeigen sollte und wie er so interessant sein konnte, dass es sich für die Zuschauer lohnen würde, ihn anzusehen. Wir grübelten, welches spezielle Thema einen guten Aufhänger für den Film abgeben könnte.

Ruth: Ein Film über biokinematische Übungen, und seien diese noch so hilfreich, kam für mich nicht infrage. Ich zweifelte nicht an der Nützlichkeit, aber ohne Anleitung eines Trainers ist es nicht unbedingt sinnvoll, die Übungen nachzumachen – und zum Anschauen sind sie zudem nicht ganz so spektakulär. Eher zufällig kam ich mit Désirée über das Thema Laufschuhe ins Gespräch. Wir laufen nämlich beide gerne[23] und ich war gerade dabei, mir neue Schuhe zu kaufen und etwas unsicher. „Dämpfung geht ja gar nicht", meinte Désirée schlicht. Nach einem sehr interessan-

---

23 Diese Fußnote ist der deutsch / schweizerischen Sprachbarriere gewidmet. Ich ging nämlich, bis zur Fertigstellung des Buches, wirklich davon aus, dass Désirée läuft. Sie kannte sich nicht nur mit den typischen Läufer-Wehwechen und der Umstellung des Laufstils aus, sondern kannte auch das Wettkampffieber. Nur, dass in der Schweiz „laufen" gleich „gehen" ist. Tja! Aber wie wäre es, den nächsten Winterthurer Halbmarathon gemeinsam zu laufen und dabei mit bedruckten Funktionsshirts Werbung zu machen? Komm Désirée, der Eschenberg ruft ...

ten Gespräch mit ihr ging ich los und kaufte mir ganz wagemutig einen sogenannten „Barfuß-Schuh".

Ich war und bin davon total begeistert. Zumal ich alsbald merkte, dass ich auch schneller werde! Schon beim Kauf und nach den ersten Läufen, bei denen man mit Fingern auf mich zeigte, stellte ich fest, dass der richtige Schuhkauf unter Läufern und Sportlern ein Riesen-Thema ist.

Désirée war von meinen Erkenntnissen nicht überrascht und so entstand die Idee, einen Film zu machen, von dem jeder profitieren konnte und der zudem eine kleine Romanze schilderte: „Barfuß laufen hilft!"

Die Verbindung zur Biokinematik ergab sich so in unseren Gesprächen fast von selbst und wir hatten einen Film, der auch ein breites Publikum (ohne akute Schmerzen) ansprechen konnte. Im November 2011 drehten wir bei schönstem Wetter in den Bonner Rheinauen:

Hier ein Standbild der glücklichen „Romanze" dank Barfuß-Laufen.

RUTH: Jetzt geht es darum, mit dem Film auch Aufträge an Land zu ziehen und für mehr Zuschauer zu sorgen. Bisher hat Désirée den Film in XING unter „Weitere Profile im Web" veröffentlicht, ihn auf ihrer eigenen Homepage eingefügt und sie hat einen eigenen Kanal in YouTube angelegt. Aber für die nächsten Monate hat sie sich vorgenommen, ihren Film noch breiter zu vermarkten.

TANJA: Da hat sich schon was getan! Der Film wurde gerade von der Firma Sole Runner® auf der Website integriert (↗ http://www.sole-runner.com). Und natürlich wird Désirée dort auch als Trainerin vorgestellt. Sehr cool.

RUTH: Gerade startet sie außerdem noch einen Blog zum Thema „Biokinematik". Das ist großartig, denn auch hier ist sie wieder die Erste!

Besser als die Wise Guys[24]

Name:	Dagmar Röcken
Coaching-Schwerpunkt:	Nonverbale Kommunikation
Website:	↗ http://www.waswirklichwirkt.de

Seien wir ehrlich, es kostet eine Menge Arbeit und Geld und es gehört eine gehörige Portion Mut dazu, ein Filmprojekt anzugehen. Wenn es aber rund läuft, wird man mit ordentlich Klicks, Zuschauern und Neukunden belohnt.

Dagmar Röcken, die wir mit ihrer Website ↗ http://www.waswirklichwirkt.de schon als schönes Beispiel einer „sprechenden" Domain erwähnt haben, hat neben ihrem Film auch sonst alles, was eine Koryphäe ausmacht. Sie ist seit über 20 Jahren ein gefragter Coach. Ihre menschliche, feine Art und ihr äußerst fundiertes Wissen werden auch in vielen Vorstandsetagen großer Konzerne geschätzt.

TANJA: Mich hat besonders beeindruckt, dass Dagmar Röcken mit ihren spannenden Seminaren über „Nonverbale Kommunikation" schon ein Jahr im Voraus gut gebucht ist. Wer wirklich etwas über dieses Thema lernen will, ist bei ihr bestens aufgehoben. Ich bin ihr sehr dankbar, denn ich durfte auch einiges von ihr lernen. Und ihre schöne Homepage lohnt auf jeden Fall auch einen Besuch:

---

24 Die Wise Guys sind eine A-capella-Band. Ihr Lied, das den gleichen Titel trägt wie Dagmar Röckens Film – Nonverbale Kommunikation – ist ebenfalls auf YouTube zu finden.

RUTH: Die Koryphäe für „Nonverbale Kommunikation" ist hier ganz klar zu erkennen. Schon auf der Startseite sieht jeder Besucher, wo ihr Schwerpunkt liegt und eine lange Liste von Fortbildungen und eine beeindruckende Aufzählung namhafter Referenzen. Unter „Coaching" findet sich auch ein Link zu einem Radio-Interview und man erfährt dort, dass in den Sommermonaten auch in Paris gecoacht werden kann.

TANJA: Sie können auf der Website auch nachlesen, dass Dagmar Röcken auch als Autorin tätig ist. Gleich ihr erstes Buch „Karriere beginnt im Kleiderschrank" war ein voller Erfolg und verkaufte sich ausgesprochen gut. Und auch an einem Buch mit Coachinggeschichten[25] war sie beteiligt. Also eine Koryphäe, die in vielen Bücherschränken zu Hause ist und zusätzlich neuer Technik eine Chance gibt.

---

25 Cora Besser-Siegmund & Harry Siegmund: Erfolge zum Wundern – wingwave in Aktion. Fünfzig und eine Coachinggeschichte, Junfermann 2009.

Nonverbale Kommunikation – ein Film von Dagmar Röcken

Dagmar Röckens Film trägt den Titel: „Nonverbale Kommunikation. Wann Sie mir nicht in die Augen schauen sollten."

Sicher ist der Titel nicht ganz unschuldig daran, dass viele Leute, die eher zufällig beim Surfen über das Video stolpern, einfach nachschauen, was es mit dem merkwürdigen Titel auf sich hat. Der Titel sorgt also für Neugier, obwohl das Thema an sich erst einmal wenig sexy erscheint ...

RUTH: Uns war es sehr wichtig, ein Video zu machen, bei dem klar wird, dass nonverbale Kommunikation kein trockenes Thema ist. Mit dem Endergebnis, einem Video, von dem man sofort etwas lernen kann, bin ich sehr zufrieden. Ich schicke es selbst gerne weiter, wenn ich Frau Röcken als Coach empfehle oder einfach verdeutlichen will, wie man die tägliche Kommunikation verbessern kann.

TANJA: Anscheinend ist dieses Thema für viele Menschen von Interesse. Mittlerweile haben schon über 21 000 YouTube-Nutzer den Film gesehen.

Warum ein Film überzeugend ist – und „cool"

Die meisten Menschen (besonders deren Kinder) finden einen eigenen Film in YouTube „cool". Auch die Erfahrung, bei einem Dreh dabei zu sein, ist unvergesslich und spannend.

RUTH: Bei dem Barfuß-Dreh in Bonn sind wir beäugt worden, als würden wir einen „Tatort" drehen – und jeder suchte die Leiche. Coole Aktion insgesamt ...

TANJA: Und ich dachte, du meintest mit „cool" eher die Temperaturen am Drehtag … Kompliment an unsere barfußlaufende Coach-Kollegin Catherine-Jane Schweizer, die sich auch bei 8 Grad Lufttemperatur keine kalten Füße anmerken ließ.

Es ist und bleibt schwierig, den Return-on-Invest auf einen Film bei YouTube zu „errechnen". Die meisten Koryphäen, die sich auf das Abenteuer Film einlassen, nutzen schon sehr viele Werbemittel und versprechen sich von einem Film ein zusätzliches Alleinstellungsmerkmal für ihren Coaching-Schwerpunkt. Und so kommen die Filmkosten meistens „on top" zu allen anderen Marketingkosten.

RUTH: Da bildet Krishna, unser Marketing-Mauerblümchen, sicherlich die Ausnahme. Denn hier ersetzt der Film bis jetzt noch den kompletten Außenauftritt.

TANJA: Da bist du auf einem alten Stand. Die Buschtrommeln haben mir gemeldet, dass tatsächlich die Domain ↗ http://www.KrishnaViswanathan.de reserviert wurde. Wer weiß, was unsere Leser dort vorfinden können, wenn das Buch veröffentlicht ist!

Aber zurück zum Film. Gute Filme, die eine Story erzählen oder einen Nutzen bringen, finden ihre Zuschauer und sind daher durchaus ein lohnenswertes Investment. Wer aber keinen Spaß daran hat, lässt besser die Finger davon und spart sich den Aufwand!

7.3.4 Wie Filme Ihren Klienten bei der Entscheidungsfindung helfen – und Sie entlasten

Noch immer sind nicht sehr viele Coaches bei YouTube zu finden, dabei würde das bei potenziellen Kunden durchaus für Aufmerksamkeit sorgen. Auch wenn es eher selten vorkommen dürfte, dass ein Interessent anruft und sagt: „Ich habe Sie im Film gesehen. Ich möchte einen Termin ausmachen", tragen die Filme dennoch erfahrungsgemäß zur Entscheidungsfindung für oder gegen einen Coach bei. Wenn wir sagen, dass die Fotos wichtig sind und dass sie möglichst lebendig und authentisch sein sollen, dann gilt das erst recht für den Film. Interessante Inhalte und Fachwissen sind eine Sache. Aber Körpersprache, Tonalität, ja die Bewegungen und die Wortwahl des Coaches vor der Kamera erzeugen den lebendigsten Eindruck und geben dem Interessenten einen guten Anhaltspunkt dafür, ob für ihn eine Zusammenarbeit mit diesem Coach infrage kommt. Immer wird es Menschen geben, die einen Film nicht mögen.

TANJA: Doch daran ist nichts schlimm, denn in diesem Fall würden Interessent und Coach vermutlich nicht zueinander passen. So verkürzt (und verbilligt!) der Film letztendlich den Akquise-Weg.

RUTH: Ganz deutlich erleben wir dies auch bei Tanja. Ihre Homepage verrät wirklich viel über sie, man kann sich schon ein sehr gutes Bild machen. Zusätzlich kann man Tanja dann auch noch „in Action" sehen. Ihr vierminütiger Film über wingwave ist mittlerweile sehr populär:

RUTH: Er wird zeitweise besser gerankt als die Filme von Cora Besser-Sigmund und Harry Siegmund – immerhin die Erfinder der Methode.

TANJA: Das ist mir eher unangenehm – trotz meiner Rampensau-Ausprägung. Ich möchte nicht, dass die YouTube-Nutzer denken, ich wüsste mehr über wingwave als die beiden! Als ich mich 2009 für den Film entschieden hatte, wollte ich einfach gerne kurz diese Methode vorstellen. Damals gab es so einen Film noch nicht. Und natürlich wollte ich den Film auch, um mich als wingwave-Koryphäe zu „outen".

RUTH: Ich war damals dabei, als du dir diesen Schwerpunkt ausgesucht hast. Wir saßen mit zwei Rechnern in meinem Garten und du hast auf YouTube gesurft. Neben deiner fachlichen Begeisterung für die Methode an sich war damals auch ausschlag-gebend, dass es bei YouTube damals nur drei andere Treffer unter dem Suchbegriff „wingwave" gab. Erst habe ich über deine Filmidee ja den Kopf geschüttelt, aber nun ... Er ist ja doch sehr süß geworden. Wer sich den Film ansieht, bekommt aber nicht nur eine Erklärung der Methode. Ganz ohne persönliche Kontaktaufnahme kann er schauen, ob ihm Tanjas Nase passt oder nicht. Wer Film und Homepage kennt, kommt in der Regel mit genau einer Frage zu Tanja: „Wann kann ich kommen?"

TANJA: Ja, das ist wirklich ein Ergebnis dieser Werbemittel. Und mein Einzugsgebiet ist viel größer geworden – die Leute kommen eigentlich mittlerweile aus ganz Deutschland zu mir und fragen mich häufig, wo sie gut übernachten können. Oft sage ich dann: „Ich kann Ihnen auch eine guten wingwave-Kollegin in Ihrem Ort rauszusuchen." Doch dann kommt die Antwort: „Ach nein, wissen Sie, ich habe Sie jetzt schon gesehen und dann möchte ich lieber zu Ihnen. Außerdem hat mir Ihre Internetseite so gut gefallen."

RUTH: Offensichtlich haben sie das Gefühl, bereits genau zu wissen, was sie erwartet. Nochmal der Hinweis: Dort auf der Homepage stehen auch ihre Stundensätze und Diskussionen darüber gibt es nicht – erst recht nicht bei unseren Koryphäen, die sowohl bei YouTube als auch im Bücherregal zu finden sind.

TANJA: Es ist wirklich komisch, aber seit mein Marketing so professionell wie meine Arbeit ist, gibt es keine Versuche mehr, mit mir um den Preis zu verhandeln …

Bewegte Bilder sind nicht alles – Kopf und Herz wollen auch etwas erleben

In Zukunft werden Filme immer wichtiger werden – auch auf der eigenen Homepage. Immer weniger beschränkt sich das Design auf klassische Element wie eine Navigationsleiste mit wenigen Bildern. Trotzdem kann das „Marketing-Seelenheil" nicht nur mit einem Film erreicht werden; er ist kein Allheilmittel.

Mit jedem neuen YouTube-Film wird es schwieriger, Zuschauer zu finden und nicht in der wachsenden Flut der Videos unterzugehen. Heute gibt es sehr günstige Angebote, sodass quasi jeder eine einfache „Film-Visitenkarte" drehen kann. Die Qualität lässt dann zwar zu wünschen übrig und ein Drehbuch gibt es in der Regel nicht, aber die Bilder sind „bewegt". Will man eine Geschichte erzählen, einen Kundennutzen zeigen oder was die eigene Person ausmacht, kostet das mehr Geld – und auch einige Überlegungen mehr.

Unser Weltrekord-Macher in Bild und Ton

Name:	Gerhard Rieger
Coaching-Schwerpunkt:	Erfolgs- und Emotionscoach für Spitzensportler / Manager
Website:	↗ http://www.GerhardRieger.at

Der Erfolgs- und Emotionscoach aus Österreich, Gerhard Rieger, coacht Führungskräfte und Spitzensportler – und dies mit großem Erfolg! Er ist ein sehr sensibler Coach mit viel Erfahrung und mit einer offenen, schalkhaften Art.

Tanja: Ich habe Gerhard bei einem Seminar kennengelernt und war von seiner witzigen und selbstreflektierten Art sofort angetan! Er ist unglaublich hilfsbereit und hat die ganze Gruppe an seinem Wissen teilhaben lassen.

Ruth: Aber auch der tollste Coach muss von seinen Klienten gefunden werden können ... Deshalb wollte auch Gerhard mittels Film erzählen, wie und für wen er als Coach und als „Erfolgskoryphäe" arbeitet. Und das wollte er unbedingt mit einem zu ihm passenden Augenzwinkern und in seinem ganz eigenen schicken Stil rüberbringen. Keine leichte Aufgabe! Sein „Anders-Sein" zeigt sich heute im gesamten Auftritt. In Zusammenarbeit mit der Produktionsfirma M.E. Works drehten wir in einem Kölner Studio seinen Film und sorgten mit professionellen Zeichnungen eines Videokünstlers für einen ganz besonderen Stil.

Tanja: Für mich ist Gerhard der „Karl Lagerfeld des Coachings", denn genau wie Herr Lagerfeld ist er außergewöhnlich gut in seinem Fach und hat einen ausgefallen guten Geschmack in Sachen Mode. Auch im Coachingkontext sind Farben für ihn sehr wichtig – und deshalb haben wir ihn ganz authentisch mit dieser positiven „Eigenart" in Szene gesetzt.

Mehr oder weniger zufällig habe ich eines Tages entdeckt, mit was für einer Koryphäe ich gerade an einem Seminar teilnahm. Diese kleine Anekdote will ich Ihnen nicht vorenthalten: Mein Mann fand eines Abends einen völlig fassungslosen Gerhard alleine vor dem Fernseher in der Lobby des Seminarhotels vor. Erst auf Nachfrage erzählte ihm Gerhard, dass sein Klient gerade Weltmeister geworden sei ... Was mich am meisten an dieser Geschichte beeindruckte, war die Tatsache, dass er auch am nächsten Seminartag niemandem davon erzählte.

RUTH: Da sehen wir doch ganz klar den Unterschied zu dir als Marketing-Rampen-sau. Du hättest dir wahrscheinlich noch in derselben Nacht T-Shirts mit „Tanja, die Weltmeister-Macherin" drucken lassen und eines zum Frühstück getragen ...

TANJA: Das ist vielleicht etwas übertrieben, aber es ist wichtig, seine Leistungen nicht zu verstecken! In Zukunft wird es immer wichtiger, positiv auf- und aus dem Rah-men zu fallen. Und Filme sind dazu einfach ein gutes Mittel – ob auf der Homepage, bei YouTube oder zum Start eines Seminars. Sie sorgen immer für Aufmerksamkeit.

RUTH: Dabei möchte die Koryphäe, was ich gut nachvollziehen kann, vielleicht nicht immer selber vor der Kamera stehen. Mit viel Kreativität und Know-how sind auch ganz andere Darstellungsformen möglich. Ich denke da an Bettina Zeidler und Frank Splitthöver von kommweit (↗ http://www.kommweit.de).

TANJA: Die Experten für Weiterbildung in Management und Kommunikation las-sen regelmäßig die Puppen tanzen. Wer Dr. Kernbeißer und Herrn Kleinschmied einmal in Action gesehen hat, wird den YouTube-Kanal gerne immer wieder besu-chen und den Link zum Film an Kollegen und Freunde versenden:

RUTH: Und so lassen sich auch Themen wie „Verhandlungen richtig führen" schön und humorvoll via YouTube verbreiten – und Seminare vermarkten. Aber auch sonst geht die Tendenz zu Animation, Interaktion, zu großflächigen Bildern und einfach mehr Action. Sie haben 50 Millisekunden Zeit, um den Leser zum Verweilen auf Ihrer Internetseite zu überzeugen. Verdammt wenig Zeit, um Wirkung zu entfalten.

Bei einem Filmdreh will alles bedacht sein: Von der Technik bis zum Drehbuch, vom Make-up bis zu Drehgenehmigungen – umfangreiche Vorbereitungen sind unabdingbar und erst ein erfahrenes Team macht den Drehtag zu einem Erlebnis ohne Kopfschmerzen. Hier eine Check-Box zum Thema Film zu machen würde den Rahmen dieses Buches sprengen, aber unsere Literaturempfehlungen helfen Ihnen hier weiter. Was wir an dieser Stelle aber sehr wohl leisten können und möchten, ist, Ihnen einige Empfehlungen mitzugeben, die fast noch wichtiger sind. Denn auch der schönste Film braucht einen guten Rahmen und will vermarktet werden. Und das wird von vielen gerne vergessen.

Check-Box: Die Möglichkeiten bei YouTube wenigstens ansatzweise nutzen

○	Haben Sie einen Nutzernamen gewählt, der sprechend und kurz zugleich ist? Achtung, er kann nach erstmaliger Verwendung *nicht* mehr geändert werden.
○	Ist Ihr Filmtitel kurz und knackig?
○	Überprüfen Sie die ersten Zeilen Ihres Beschreibungsfeldes. Dort müssen die wichtigsten Informationen enthalten sein. Es passt zwar mehr Text in das Feld, aber nur die ersten 200 Zeichen werden direkt neben dem Film angezeigt.
○	Entsprechen Ihre Keywords (Suchwörter) den Begriffen, nach denen auch Ihre Klienten suchen würden? Hier gehören nicht nur Fachbegriffe hinein.
○	Ist Ihr Standbild (auch Thumbnail genannt) gut gewählt? Dieses Still-Leben aus Ihrem Film muss neugierig machen oder aussagekräftig sein.
○	Passt Ihr Kanal zu Ihrem Design? Sie können Farben auswählen, Bilder für das Profil hochladen und vieles mehr.
○	Pflegen Sie Ihren Kanal? Haben Sie Kommentare zugelassen? Es spricht mehr für Kommentare als dagegen – auch wenn man sich hin und wieder ärgert. Sie können auch selbst auf Kommentare antworten. Wichtig ist generell, dass Sie regelmäßig schauen, was sich tut.
○	Lebt Ihr Kanal? Sie können Film-Favoriten hinzufügen, andere Kanäle abonnieren, Playlisten anlegen, andere Videos bewerten etc.

○ Steht das grundsätzliche Marketing für Ihren Film? Sie können den Film in Ihre Homepage(s) einbinden, den Link in Ihre E-Mail-Signatur aufnehmen, eine Pressemitteilung rausgeben und den Film auf allen Werbemitteln erwähnen („Besuchen Sie mich auch auf YouTube ...").

○ Nutzen Sie Ihr Netzwerk für den Film? Ihr Film kann mühelos von anderen eingebaut werden. Fragen Sie komplementäre Anbieter, Dienstleister, Portale (Tanjas Film ist z. B. bei ↗ http://www.coachyourself.tv zu sehen), Websites aus Ihrer Region / Heimatgemeinde etc., ob sie den Film einbinden oder auf ihn verlinken.

○ Haben Sie auch an alle anderen Möglichkeiten gedacht – z. B. Social Media? Twittern Sie Ihren Film, schreiben Sie Blog-Beiträge dazu und verlinken Sie den Film bei Facebook, XING etc.

○ Haben Sie für Ihren Film-Link einen QR-Code auf Ihren gedruckten Unterlagen? Dieser Code kann von allen Smart-Phones bzw. Webcams gescannt und dann direkt geöffnet werden. Hier ein Beispiel für Tanjas QR-Code zum Film:

○ Sie haben Lust auf mehr Film? Drehen Sie regelmäßig und füttern Sie damit Ihren Kanal.

○ Sie haben bei YouTube alles richtig gemacht? Dann packen Sie jetzt auch die anderen Videoplattformen an! Sevenload, Yahoo Video, Clipfish usw.

7.3.5 Marketing-Aktivitäten mit Charme

Name:	Elke Brunner
Coaching-Schwerpunkt:	Zielecoaching mit Menschen über 40
Website:	↗ http://www.ideale-loesungen.de

Wer schreibt, der bleibt. Das gilt auch für Elke Brunner, die ihre Arbeit unter das Motto stellt: „Mit 40 steigt man anders um." Ihre langjährige Erfahrung und das Wissen aus dem Personalwesen stehen zusammen mit der Coaching-Ausbildung heute für ein knackiges Ziel: „Mehr Zufriedenheit im Job." Dies kann natürlich auch bedeuten, dass ihre Klienten feststellen, mehr als reif für den Wechsel zu sein – aber, so propagiert sie, für den Traumjob ist es nie zu spät.

Elke Brunner ist Meisterin der kleinen, charmanten Marketing-Aktivitäten, die zudem einzigartig auf dem Markt sind: Ob es nun ein wirklich besonderer Adventskalender ist oder die Postkarte mit der Möglichkeit zum „Do-it-yourself-Starter-Paket":

Das Starter-Paket besteht aus:
Weltbesteller „Durchstarten zum Traum-Job"
Persönliche Anleitung von Elke Brunner
Notizheft (liniert) + Schreib-Set
Buntstiftbox inkl. Anspitzer
Haftnotiz 100 Blatt, Karton-Aufstellrahmen
Motivationskarte + Teebeutel
Glücksbotschaft + Zuckerl

EUR 89,00

Postkarte mit prägnanter Vorderseite „Unzufrieden im Job?" und Bildausschnitt des Paketangebots.

Ihre Angebote sorgen selbst bei Klienten in der Midlife-Crisis für ein Lächeln und zeigen auch hier, wie authentisch Elke Brunner für sich wirbt.

Tanja: Als Frau Brunner bei uns einen Termin ausmachte, war sie ganz verzweifelt, weil jeder ihr sagte, sie müsse ganz viel Werbung im Internet für sich machen. Sie ist aber dafür gar nicht der Typ. Frau Brunner schreibt sehr gerne – sogar mit der Hand! Und nimmt sich Zeit, ganz liebevoll individuelle Karten und Gedanken zusammenzustellen.

Ruth: Da dachten wir uns: Das ist doch mal etwas anderes – und wer freut sich nicht über einen handgeschriebenen Brief und ein schönes Paket mit Buch und weiteren, netten Überraschungen?

Tanja: Und weil diese Idee so ungewöhnlich ist, wollten wir von ihr wissen, wie es bei den Kunden ankommt:

Elke Brunner: Dieses Marketing-Tool hat mir selbst viel Freude bereitet. Mit sehr viel Liebe habe ich die Extras, die ich in diesem Zufriedenheits-Paket mitschicken wollte, ausgewählt. Die handschriftlichen Notizen gingen mir leicht von der Hand. Ich hatte das Gefühl, etwas ganz Besonderes für meine Kunden zusammenzustellen. Ich selbst hätte es auch haben wollen.

Die Bilanz dieser Aktion ist jedoch eher nüchtern und ich will an dieser Stelle ehrlich sein. Die Fakten sehen so aus:

- Verteiler Newsletter: 413 Adressen (Anhang Postkarte als PDF) = 3 Bestellungen
- Druckversion 1000 Postkarten, davon ca. 100 Postkarten auf der *Woman Power* in Hannover verteilt = keine Bestellungen
- ca. 100 Postkarten über Kolleginnen verteilt = keine Bestellungen

Ich selbst finde die Idee immer noch toll, dennoch muss ich den Tatsachen realistisch ins Auge blicken. Der Zeit- und Kostenaufwand für solche individuellen Produkte ist sehr hoch, der Return on Investment sehr gering. Hinzu kam, dass mir weitere Gelegenheiten fehlten, die Postkarten auszulegen und zu platzieren. Die drei Kunden, die das Paket bekommen haben, waren begeistert. Eine davon ist nun auch selbstständig, weil sie das Buch und die Übungen durchgearbeitet hat. Andere Stimmen lauteten, es sei zu teuer. Wobei ich hier die Erfahrung gemacht habe, dass materielle und vergängliche Dinge ohne mit der Wimper zu zucken gekauft werden und für die langfristige Investition in die eigene Persönlichkeit oder für ein Selbstcoaching-Programm wie dieses kein Geld ausgegeben wird. Aber das ist ein anderes Thema.

Ich habe für mich daraus gelernt, meine Ideen nicht nur aufgrund meiner Begeisterung in Aktionen umzusetzen, sondern auch die Relation Kosten – Nutzen im Auge zu behalten. Vielleicht bin ich mit meiner Aktion ja auch der Zeit voraus – und wer weiß, vielleicht kommt die Idee in ein paar Jahren besser an.

Ruth: Ich kann Frau Brunner gut verstehen. Aus Marketing-Sicht ist die Newsletter-Ausbeute allerdings gar nicht schlecht. Ich würde trotz des zeitlichen Aufwandes empfehlen, die restlichen 800 Postkarten noch auszulegen, statt sie ungenutzt rumliegen zu lassen. Sie spricht hier einen ganz wichtige Sache an: Die Messbarkeit von Werbeaktionen. Diese sollte man – alleine schon der Kosten wegen – natürlich im Auge behalten, auch wenn sich viele Aktionen wirklich schlecht messen lassen. Um auf Frau Brunner zurückzukommen: Vielleicht waren auch 20 % der Postkartenleser bereits auf ihrer Homepage und melden sich noch? Das wissen wir im Moment nicht. Auf jeden Fall ist die Aktion auffallend sympathisch!

Mit der Postkarte findet zudem ein sogenannter „Medienbruch" statt. Stellen Sie sich vor: Sie halten die Postkarte in Händen und finden das Paket total schön. Um es zu bestellen, nutzt Ihnen die Postkarte aber nichts. Sie müssen erst zum Telefon greifen oder eine E-Mail senden. Erkennen Sie das Problem?

TANJA: Um erfolgreich zu sein und Aktionen kongruent messen zu können, benötigen Sie eigentlich für jede Marketingmaßnahme im Internet eine eigene Landingpage, für jede Postkarte eine spezielle Antwortmöglichkeit oder eine nur für diese spezielle Maßnahme vergebene Telefonnummer. Nur so können Sie den Erfolg einer Marketingaktion wirklich direkt messen.

RUTH: Genau. Netzbürger wie Elke Brunner sind da übrigens klar im Vorteil, Google-Analytics, Download-Angebote auf der Homepage und zu abonnierende E-Mail-Newsletter – das alles hilft, das Marketing messbar zu machen.

TANJA: Und sie bedient sich aus dem Portfolio der Netzbürgerin ganz nach ihrem eigenen Geschmack. So versendet sie regelmäßig einen interessanten E-Newsletter mit dem Titel „Nachrichten aus der Zufriedenheits-Werkstatt" und engagiert sich in passenden XING-Gruppen – um zugleich auch auf ihren Expertenstatus einzuzahlen:

Der Auszug aus dem XING-Profil zeigt Elke Brunners Zugehörigkeit zu zielgruppenrelevanten und ortsspezifischen Gruppen.

Als Expertin ist Frau Brunner nicht nur mit einer eigenen Homepage online. Ihr Profil finden Sie auch überall dort, wo sie aktiv Mitglied ist, z. B. beim KarriereExpertenForum (↗ http://www.karriereexperten.com) oder bei der German Speaker Association (GSA). Die GSA und die Steinbeis-Hochschule bieten seit 2010 gemeinsam einen Zertifikatslehrgang *Professional Speaker GSA (SHB)* an. Im Rahmen dieses Lehrgangs bietet Elke Brunner den Baustein „Das professionelle Speaker-Büro" an und natürlich hat sie auch auf der GSA-Website einen schönen Auftritt. Als Autorin ist Elke Brunner zudem in der GSA-Publikation „Das kleine 1x1 des Professional Speaking" zu finden.

7.3.6 Koryphäen lieben ihr gedrucktes Wort – zu Recht

„Titel öffnen Türen" heißt es bei managerSeminare im Februar 2011. Gemeint sind hier keine Adels- oder Doktortitel, sondern schlicht Fachbücher. Das gedruckte Wort ist die beste Marketingmaßnahme für jeden Coach, das bestätigt auch eine Studie der Universität Marburg. 86 % aller Coaches gaben an, dass sich das Schreiben eines Fachbuches positiv auf die Auftragslage ausgewirkt habe.[26]

TANJA: Das klingt natürlich verlockend. Mal eben ein Buch schreiben und schon stimmt die Auftragslage über Jahre hinaus. Als Ruth mit der Buchidee um die Ecke kam, ist mir trotzdem erst einmal das Herz stehen geblieben und ich habe nur an die Arbeit gedacht und die Zeit, die das kosten wird. An eine verbesserte Auftragslage, an ein besseres Renommee – so weit wagt man am Anfang gar nicht zu denken.

RUTH: Und das ist auch gut so. Denn nur wer wirklich schreiben will und für sein Thema brennt, wird es schaffen, durchzuhalten und auch das Buch zu veröffentlichen. Denn Durchhaltevermögen und Disziplin sind unabdingbar. Für alle Leser, die sich vielleicht nicht so gut disziplinieren können oder wollen: Manchmal ist ein kleiner Buchbeitrag bei einem anderen Autor der erste Schritt hin zum Korpyhäenstatus.

TANJA: Aber achten Sie darauf, dass auch Ihr Namen auf diesem Beitrag steht! Außerdem ist es wichtig, sein Wissen und seine Erfahrungen auch weitergeben zu wollen. Ich finde es immer wieder spannend, wie ungewöhnlich diese Vorgehensweise in der Branche zum Teil ist. Als ich nach meinem gut gelaufenen Eltern-Vortrag das Konzept und das Handout als Worddateien „verschenkt" habe, war die Überraschung groß.

RUTH: Na, du als Rampensau denkst auch garantiert nicht darüber nach, ob deine Unterlagen wirklich gut genug sind und ob nicht vielleicht doch noch ein Rechtschreib- oder Formatierungsfehler auf den hinteren Seiten sein könnte. Aber du hast recht. Wenn ich mich ständig frage, ob dieser Tipp nicht einfach zu gut für dieses Buch ist, dann kann das nichts werden außer – sehr inhaltsleer oder „dünn drüber", wie ich gerne sage. Wer aber schon beim Schreiben angekommen ist und die Angst vor dem weißen Blatt im Griff hat, der ist bereits die Hälfte des Weges gegangen. Aber bitte: Schreiben Sie kein Buch fertig, bevor Sie nicht einen Verlag haben!

TANJA: Profis erkennt man daran, dass sie Verlagen kein ganzes Buch, sondern ein sogenanntes Exposé anbieten. Neben der Grundidee Ihres Buches soll es auch die Frage beantworten, warum der Verlag gerade *Ihr* Buch veröffentlichen soll.

---

26 Studie zum deutschen Coaching-Markt 2008 / 09 des Lehrstuhls für Technologie- und Innovationsmanagement der Philipps-Universität Marburg.

Eine zündende Idee reicht also nicht aus, es müssen auch „Formalitäten" beachtet werden, um nicht nur auf den Tisch der Lektoren, sondern auch in deren Hände zu gelangen – für länger als zwei Minuten.

Und wenn Sie wissen wollen, wie es geht, hangeln Sie sich einfach an unserer Check-Box entlang. Da steckt einiges an Arbeit drin, erfordert Recherche und kostet auch etwas Gehirnschmalz. Aber was Sie hier – gerade bei einem Fachbuch mit meist detaillierter Struktur – aufbereiten und ausarbeiten, kann schon fast die halbe „Miete" für Ihr Buch sein.

Exposé-Check-Box

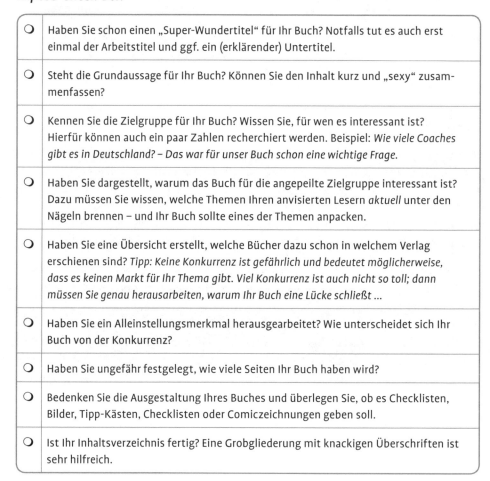

○	Haben Sie schon einen „Super-Wundertitel" für Ihr Buch? Notfalls tut es auch erst einmal der Arbeitstitel und ggf. ein (erklärender) Untertitel.
○	Steht die Grundaussage für Ihr Buch? Können Sie den Inhalt kurz und „sexy" zusammenfassen?
○	Kennen Sie die Zielgruppe für Ihr Buch? Wissen Sie, für wen es interessant ist? Hierfür können auch ein paar Zahlen recherchiert werden. Beispiel: *Wie viele Coaches gibt es in Deutschland? – Das war für unser Buch schon eine wichtige Frage.*
○	Haben Sie dargestellt, warum das Buch für die angepeilte Zielgruppe interessant ist? Dazu müssen Sie wissen, welche Themen Ihren anvisierten Lesern *aktuell* unter den Nägeln brennen – und Ihr Buch sollte eines der Themen anpacken.
○	Haben Sie eine Übersicht erstellt, welche Bücher dazu schon in welchem Verlag erschienen sind? *Tipp: Keine Konkurrenz ist gefährlich und bedeutet möglicherweise, dass es keinen Markt für Ihr Thema gibt. Viel Konkurrenz ist auch nicht so toll; dann müssen Sie genau herausarbeiten, warum Ihr Buch eine Lücke schließt …*
○	Haben Sie ein Alleinstellungsmerkmal herausgearbeitet? Wie unterscheidet sich Ihr Buch von der Konkurrenz?
○	Haben Sie ungefähr festgelegt, wie viele Seiten Ihr Buch haben wird?
○	Bedenken Sie die Ausgestaltung Ihres Buches und überlegen Sie, ob es Checklisten, Bilder, Tipp-Kästen, Checklisten oder Comiczeichnungen geben soll.
○	Ist Ihr Inhaltsverzeichnis fertig? Eine Grobgliederung mit knackigen Überschriften ist sehr hilfreich.

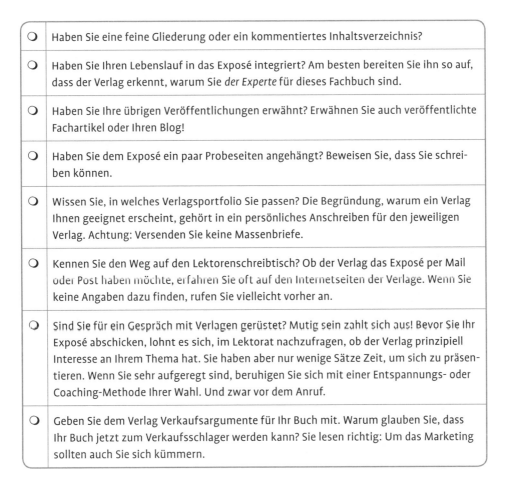

- ○ Haben Sie eine feine Gliederung oder ein kommentiertes Inhaltsverzeichnis?

- ○ Haben Sie Ihren Lebenslauf in das Exposé integriert? Am besten bereiten Sie ihn so auf, dass der Verlag erkennt, warum Sie *der Experte* für dieses Fachbuch sind.

- ○ Haben Sie Ihre übrigen Veröffentlichungen erwähnt? Erwähnen Sie auch veröffentlichte Fachartikel oder Ihren Blog!

- ○ Haben Sie dem Exposé ein paar Probeseiten angehängt? Beweisen Sie, dass Sie schreiben können.

- ○ Wissen Sie, in welches Verlagsportfolio Sie passen? Die Begründung, warum ein Verlag Ihnen geeignet erscheint, gehört in ein persönliches Anschreiben für den jeweiligen Verlag. Achtung: Versenden Sie keine Massenbriefe.

- ○ Kennen Sie den Weg auf den Lektorenschreibtisch? Ob der Verlag das Exposé per Mail oder Post haben möchte, erfahren Sie oft auf den Internetseiten der Verlage. Wenn Sie keine Angaben dazu finden, rufen Sie vielleicht vorher an.

- ○ Sind Sie für ein Gespräch mit Verlagen gerüstet? Mutig sein zahlt sich aus! Bevor Sie Ihr Exposé abschicken, lohnt es sich, im Lektorat nachzufragen, ob der Verlag prinzipiell Interesse an Ihrem Thema hat. Sie haben aber nur wenige Sätze Zeit, um sich zu präsentieren. Wenn Sie sehr aufgeregt sind, beruhigen Sie sich mit einer Entspannungs- oder Coaching-Methode Ihrer Wahl. Und zwar vor dem Anruf.

- ○ Geben Sie dem Verlag Verkaufsargumente für Ihr Buch mit. Warum glauben Sie, dass Ihr Buch jetzt zum Verkaufsschlager werden kann? Sie lesen richtig: Um das Marketing sollten auch Sie sich kümmern.

Tanja: Wir verraten Ihnen jetzt, wie der Werdegang unseres Buches bei Junfermann war:

RUTH: Nun, die fehlenden Seiten haben sich jetzt zum Glück noch gefunden. Für alle Leser, die gerne das Making-of zum Buch verfolgen wollen, haben wir neben dem Buchschreiben auch noch regelmäßig gebloggt: ↗ http://www.CoachYourMarketing. de. Und was meinen Sie, warum?

Auch Ihr Buch will vermarktet werden

Sie haben richtig gelesen: Der letzte Punkt der Liste ist – Marketing. Auch wenn Sie ein noch so gutes Exposé haben und wissen, dass Sie gut schreiben: Die Vermarktung wird heute immer wichtiger, denn es erscheinen an die 100 000 Titel im Jahr, das sind ungefähr 261 Bücher täglich![27] Werbebudgets der Verlage konzentrieren sich auf immer weniger Titel, Neuerscheinungen erhalten selten die Aufmerksamkeit, die Verlage und Autoren sich erhoffen. Darum hilft es, wenn Sie ein Konzept in der Tasche haben oder Ideen beitragen können, mit denen Sie die Gunst der Buch-

---

27 2009 erschienen laut „Börsenblatt des Deutschen Buchhandels" 95 383 Titel.

händler und Leser beeinflussen können: Welcher Experte kann für Sie ein gutes Vorwort schreiben? Welche namhafte Persönlichkeit kann einen knackigen Satz für den Klappentext beisteuern?

Bereits während des Schreibens können Sie für Werbung sorgen und potenzielle Verbreitungswege sichern. Sprechen Sie Multiplikatoren (z. B. Verbandsvorstände, Ausbildungsinstitute etc.) an, die für Sie Werbung machen und nach Erscheinen eine gute Bewertung z. B. bei Amazon schreiben können. Sorgen Sie dafür, dass Sie auf die Listen der Literaturempfehlungen kommen. Sie können einen Blog schreiben, Seminare geben, Vorträge halten oder eine Website zum Buch kreieren. Integrieren Sie die Information über Ihre Autorenschaft in Ihre E-Mail-Signatur und besprechen Sie mit dem Verlag, was er, zum Beispiel in Sachen Pressekontakte, für Sie tun kann.

Sie sollten das Buch als ganzes Paket begreifen und bei den Vertragsverhandlungen die Nerven behalten: Hörbücher, Auslandsrechte, Filmrechte (lachen Sie nicht) und Lizenzen für Tassen – Sie wissen nicht, was auf Sie zukommen kann.

TANJA: Wir haben unsere Lektorin und den Verlagsleiter an diesem Punkt sicherlich sehr genervt. Aber es ist einfach wichtig, dass beide Seiten wissen, was sie wollen und worauf sie sich einlassen. Im Internet finden Sie dazu übliche Musterverträge und interessante Autorenberichte.

RUTH: Nach Aussage unserer netten Fachbuchlektorin Heike Carstensen werden von 100 unaufgefordert eingereichten Büchern höchstens zwei bis drei veröffentlicht!

TANJA: Auf der einen Seite ist es schwer, einen Verlag zu finden. Und hat man ihn gefunden, braucht es Verkaufs- und Marketingambitionen, gepaart mit etwas Feingefühl, um den Verlag nicht gleich wieder zu vergraulen. Auf eine hohe Auflage und viele verkaufte Exemplare hofft natürlich jeder Autor. Doch dieser Traum muss nicht von vornherein als vergeblich angesehen werden. Ein spezielles Thema, das den Nerv der Zeit trifft und dann noch gut aufbereitet ist, hat Bestseller-Potenzial und der Autor selbst kann zur Marke zu werden. Ein Beispiel ist Paul Ekman, der auf emotionale Gesichtsausdrücke spezialisierte US-Psychologe. Bei seinen ersten, rein akademischen Texten hätte er wohl nicht zu träumen gewagt, dass er einmal so erfolgreich sein könnte ...

RUTH: Keine Sorge, Sie müssen jetzt nicht aus dem Stand und sofort Hunderte von Seiten füllen. Wie wäre es mit einem Fachartikel, als Start in Ihre „Autorenkarriere"?

7.3.7 Andere Möglichkeiten für Koryphäen, an die Öffentlichkeit zu treten und sich zu vernetzen

Messen – die unerkannte Chance

Auch auf Messen sind Koryphäen gut aufgehoben – nur nutzen sie das viel zu selten. Eine Ausnahme ist Gudrun Teipel und bezeichnenderweise lernte sie Tanja auf der Messe *Woman&Work* in Bonn kennen.

Messeaktivitäten wollen gut geplant sein. Natürlich kann man einfach als Besucher hingehen, aber wer etwas anzubieten hat, das für ein bestimmtes Messepublikum passt, sollte durchaus einen Messestand in Erwägung ziehen. Es müssen ja nicht gleich zig Quadratmeter sein. Oft reicht eine kleine Fläche, die optisch aber keineswegs an einen unaufgeräumten Büroschreibtisch erinnern darf. Wichtig ist auch die Standbesetzung: ein Coach, der gerne (Blick-)Kontakt aufnimmt und wirklich „präsent ist". So wird ein Messeauftritt sich in guten Kontakten auszahlen. Dabei ist die Nacharbeit extrem wichtig. Jede Visitenkarte will verarbeitet und jeder Kontakt zeitnah mit den gewünschten Informationen versorgt werden.

Gudrun Teipel auf der b2d in Wiesbaden 2011

Koryphäen lassen gut von sich hören und sehen

Hörfunk: Das Radio ist für Koryphäen ein tolles Medium. Gerade eine Live-Sendung kann zwar ganz schön aufregend sein. Aber Sie kennen ja die entsprechenden Werkzeuge, um sich zu helfen. Außerdem werden Sie zwar gehört, aber immerhin (außer vom Redakteur) nicht gesehen. Zudem gilt: Wer einmal als Experte z. B. in die WDR-Datenbank eingepflegt worden ist, wird immer mal wieder angerufen, wenn es um das gleiche oder ein ähnliches Thema geht. Das ist Ihnen bestimmt auch schon aufgefallen. Oder wundern Sie sich nicht auch manchmal, dass immer die gleichen Leute als „Nahost"- oder „Knigge-Experten" auftauchen?

Fernsehen: Wird eine Koryphäe gar von einem Fernsehsender oder der Produktionsfirma einer Fernsehsendung angesprochen, geht der Puls bestimmt erst einmal richtig in die Höhe. Doch an das Thema TV-Auftritt kann man sich herantasten, denn es gibt kleinere Lokalsender, die einen ganz guten Einstieg bieten. Aber wo bitte könnten Sie sich besser als Experte positionieren als in Sendungen wie beispielsweise WISO oder über bundesweit ausstrahlende Sender wie ARD oder ZDF? Wenn es so weit ist, kann man nur gratulieren! In Kapitel 7.4 können Sie nachlesen, wie eine Rampensau mit dieser Herausforderung umgeht und was für konkrete Tipps wir für den Fernsehauftritt haben.

Öffentliche Reden: Als Redner auf der Bühne zu stehen ist für Koryphäen oft eine besondere Herausforderung. Ob vor 25 oder 400 Leuten spielt dann fast keine Rolle mehr.

RUTH: An der Stelle, wo manchem schon von der Vorstellung ganz schlecht wird, weisen wir gerne noch einmal darauf hin, dass Coaching gegen Lampenfieber auch von Coaches in Anspruch genommen werden kann ☺!
Neben einem spannenden Thema sind solide rhetorische Fähigkeiten und eine gute (innere und äußere) Haltung wichtig. Unterstützung bekommen Sie dort, wo auch Buchungen vorgenommen werden; es gibt einige Datenbanken und Verbände, die sich auf Redner spezialisiert haben wie z. B. die Speakers Excellence Deutschland ↗ http://www.speakers-excellence.de oder auch die Women Speaker Foundation ↗ http://www.women-speaker-foundation.de. Auch wenn man klein anfängt – Reden kann Spaß machen.

TANJA: Unter 2.000 Euro Tagessatz sind die meisten Top-Speaker gar nicht erst zu haben. Vielleicht ist auch das eine kleine Motivation, Ihr Wissen weiterzugeben?

Vorträge im kleinen Kreis: Workshops, Seminare, Infoabende ...

Ein schönes Beispiel für Vorträge im kleinen Kreis ist wingwave-Coach Imke Keil. Sie ist in Hamburg als Coach tätig und seit ihrer Jugend lebt sie nach dem Motto: „Tue, was dir am Herzen liegt." Sie hat für sich eine interessante, sehr persönliche Mischung aus „Tag der offenen Tür" und Vortrag gefunden, indem sie etwa ein Jahr regelmäßig kostenfreie Infoabende in ihrer Praxis anbot.

Name:	Imke Keil
Coaching-Schwerpunkt:	Erfolgs-Coaching und Ängste überwinden
Website:	↗ http://www.imkekeil-coaching.de

TANJA: Ich habe Imke Keil bei einem wingwave-Seminar von Cora Besser-Siegmund in Hamburg kennengelernt und wir waren uns sofort sympathisch. Auch fachlich stellten wir eine gemeinsame Wellenlänge fest und ich war sehr glücklich, dass ich mit ihr als Coach zum ersten Mal die „Imaginative Familienaufstellung" kennenlernen konnte. Imke war damals ganz frisch dabei, ihre Selbstständigkeit aufzubauen und das ist ihr so gut gelungen, dass wir sie gerne für unser Buch interviewen wollten:

TANJA: Wie ist es dir gelungen, innerhalb kürzester Zeit so viele Klienten zu finden?

IMKE: Ich habe gemerkt, dass es als Coach nicht primär wichtig ist, die Klienten darüber zu informieren, welche Coaching-Methoden du anwendest, oder sie damit zu beeindrucken, wie viele verschiedene Ausbildungen du bereits hinter dir hast. Aus meiner Erfahrung wählen Klienten oftmals einen Coach entweder aufgrund einer persönlichen Empfehlung aus oder weil sie das Gefühl haben, bei ihrem Coach auf einen Menschen zu treffen, bei dem ihr persönliches Problem gut aufgehoben ist. Von daher habe ich mein Marketing auf meine Person „als Mensch" ausgerichtet. Auf meinem Flyer ist mein Konterfei groß auf der ersten Seite zu finden und auch für meine Homepage habe ich ein einladendes Foto von mir gewählt. Dann habe ich damit begonnen, einmal im Monat kostenlose Vortragsabende mit wechselnden Themen in meiner Praxis anzubieten.

Bei diesen Abenden hatten die Klienten die Möglichkeit, mich unverbindlich kennenzulernen. Gleichzeitig konnten sie über die Vortragsinhalte für sich selbst etwas mitnehmen. Dinge, die ihnen bislang noch nicht so bewusst waren. Ich habe die Gelegenheit genutzt, die Begeisterung, die ich für meine Arbeit empfinde, persönlich weiterzugeben. In der Intensität und Lebendigkeit könnte ich das mit einem Flyer niemals tun. Die Resonanz auf diese lustigen, ungezwungenen Abende war so phänomenal, dass nicht nur die Teilnehmer sich zu Coachings angemeldet haben, sondern dass mich auch Menschen weiterempfohlen haben, die selbst noch nicht bei mir im Coaching waren.

Tanja: Für einen kontinuierlichen Kundenstrom ist es sehr wichtig, immer etwas für sein Marketing zu tun. Welche Marketingmöglichkeiten nutzt du jetzt noch?

Imke: Nach wie vor lege ich den Schwerpunkt meines Marketings auf den Bekanntheitsgrad meiner Person. Das heißt, ich versuche viel zu netzwerken, bin Netzwerken und Vereinigungen beigetreten und nutze regelmäßig deren Foren und Treffen zum Austausch. Die Zusammenarbeit mit Heilpraktikern, Osteopathen und anderen auf Körperebene arbeitenden Therapeuten hat sich als Erfolg versprechende Synergie herausgestellt. Darüber hinaus war ich mit einem Messestand auf einer Gesundheitsmesse vertreten und habe auch dort einen Vortrag gehalten. Das Werbemittel „Vortrag" nutze ich immer sehr gerne, um den Bekanntheitsgrad meiner Person zu steigern.

Intelligenter Flyereinsatz

Koryphäen haben ein besonderes Standing und müssen sich auch gegenüber anderen Experten (z. B. Ärzten) nicht als Bittsteller sehen. Das macht es einfacher zu fragen, ob man einen eigenen Flyer auslegen darf oder gar einen Flyerständer aufstellen kann. Scheuen Sie sich nicht, auch an ungewöhnlichen Orten zu fragen (Golfgeschäfte, Herrenausstatter, besondere Restaurants etc.).

Gerade wenn Sie Flyer an einer Stelle auslegen, wo es insgesamt sehr viele Flyer gibt (eine ganz Wand oder ein ganzer Tisch), denken Sie daran, Ihre Flyer regelmäßig nach vorne zu holen und nachzulegen.

Kooperationen mit gegenseitigem Nutzen

Kooperationen sind für Koryphäen recht einfach zu gestalten, da auch andere gerne vom Ruf Ihres Namens profitieren. Überlegen Sie sich, welche Anbieter von Ihnen profitieren können, knüpfen Sie Kontakte und überlegen Sie mit dem Kooperationspartner, wie Sie sich gegenseitig bewerben und unterstützten können. Von der Verlinkung auf Ihren Websites über gemeinsame Veranstaltungen bis zu gemeinsamen Angeboten stehen Ihnen alle Türen offen. Wichtig ist, dass Sie nicht mit jemanden kooperieren, dem Sie keinen Expertenstatus zutrauen – sonst wird Ihr Status verwässert.

TANJA: Ich bin sehr glücklich, dass eine Koryphäe im Bereich Gesundheitsprävention, Dr. Peter Strauven, meine Arbeit schätzt und in der Vergangenheit auch gemeinsam mit mir einen Vortrag für seine Patienten angeboten hat.

RUTH: Hier noch ein Tipp: Der Vortragsort ist manchmal genauso wichtig wie das Thema selbst. Eine Universität oder ein teures Hotel bilden da, je nach Ihrer Zielgruppe, einen guten Rahmen!

Pressearbeit: Was nützt es, wenn Sie großartig sind und keiner erfährt es?

Einmal als Experte in der F.A.Z. erwähnt werden, einmal im Spiegel ein Interview geben oder mit Foto in der Brigitte erscheinen: Ohne professionelle Pressearbeit ist das fast unmöglich.

Wir haben in der Vergangenheit ab und an selbst für PR gesorgt. In der Regionalredaktion anrufen und einfach fragen, ob ein Thema interessant ist, oder einen Reporter zu einem Event einladen, das ist ganz unkompliziert. Und wenn auch die regionale Zeitung eine begrenzte Reichweite hat: Aufwand, Erfolgsaussichten und Machbarkeit halten sich gut die Balance.

Natürlich ist auch das Internet hilfreich, denn online haben Sie noch mehr Möglichkeiten. Besonders, wenn Sie fleißig sind. Es gibt kostenpflichtige, aber auch kostenfreie Portale (z. B. ↗ http://www.openpr.de oder ↗ http://www.pr-inside.de), in die Sie ihre News einstellen können. Mit viel Glück schafft Ihre Nachricht es sogar in die Google News. Wenn Sie sich das allerdings als Ziel fest vornehmen, steht Ihnen ein wirklich mühsamer und zeitaufwendiger Prozess bevor.

> **Hier noch ein Tipp von einer PR-Expertin.** Sie rät, sich zehn Ansprechpartner bei relevanten Medien herauszusuchen und diese gezielt persönlich anzusprechen.

RUTH: Gute Pressetexte sind wirklich ganz spezielle Texte. Gerade für Werbetexter wie mich ist das oft ein Graus und wir können es, wenn wir ehrlich sind, nicht besonders gut. Wir werben gut – PRler berichten gut.

TANJA: Immer dann, wenn wir oder unsere Marketingkunden mehr erreichen wollten, haben wir einen Profi ins Boot geholt und sind reich belohnt worden. Auch wenn bestimmte Ziele, z. B. das Erscheinen in einer großen Frauenzeitschrift, Geduld und den Aufbau einer guten Beziehung zur Redaktion bedarf, so kommen mit einem

Profi an der Seite erste Erfolge doch recht bald zustande. Denn nicht nur die Texte müssen gut sein, sondern auch Journalisten und Heftmacher wollen richtig angesprochen werden.

RUTH: Viele PRler verfügen außerdem über zahlreiche Kontakte, die sie für Sie spielen lassen können.

Die Hauptvorteile von PR-Arbeit sehen wir darin, dass

- Sie mit einem einzigen Bericht, je nach Medium, bis zu Hunderttausende von Lesern erreichen können;
- Sie mit Artikeln in Fachzeitschriften genau das Publikum erreichen können, dass sich auch für Sie interessiert (z. B. Golf-Magazine für Golf-Coaching);
- Sie an Glaubwürdigkeit gewinnen. Werbung ist nicht objektiv – und damit weniger glaubwürdig. Die Empfehlungen in einem interessanten redaktionellen Beitrag hingegen werden eher ernst genommen;
- Medien Meinungsmacher sind. Wenn Sie einmal Kontakte geknüpft und etabliert haben, können Sie zum ersten Ansprechpartner für ein bestimmtes Thema werden.

> **Tipp:** Denken Sie daran, dass Ihnen PR nur im Moment des Erscheinens eines Mediums hilft und dass die Wirkung schnell verpuffen kann. Deswegen müssen Sie dafür sorgen, dass die PR nachhaltiger wirkt. Online gestellte Artikel können Sie z. B. auf Ihre Website verlinken.
>
> **Aber Achtung:** Bevor Sie ganze Artikel oder auch nur Zitate daraus irgendwo einbauen, klären Sie bitte unbedingt vorher die rechtliche Seite. Einige große Zeitungsverlage fahren derzeit einen äußerst aggressiven Kurs und ahnden schon kleinste Kleinigkeiten als Verletzungen des Urheberschutzrechtes.
>
> **Was Sie aber tun dürfen und tun sollten:** Archivieren Sie alle Zeitungs- oder Zeitschriftenausgaben, in denen über Sie berichtet wird. Lassen Sie sich – wenn möglich – ausreichend Belegexemplare zuschicken oder kaufen Sie den Kiosk leer, denn man kann gar nicht genug Exemplare haben. Wir zumindest machen immer wieder die Erfahrung, dass sie weggehen wie warme Semmeln.

7.3.8 Gefahren für die Koryphäen

Viele Koryphäen sind sich nicht darüber im Klaren, dass sie bereits Experten sind. Sie versuchen, noch mehr Wissen anzusammeln, statt mit der vorhandenen Kompetenz den Schritt in die Öffentlichkeit zu wagen. Es droht die Gefahr, immer mehr von immer weniger zu wissen, bis man schließlich alles über nichts weiß.

RUTH: Manchmal vergessen Koryphäen überhaupt, Geld zu verdienen, und gefährden so die wirtschaftliche Seite ihrer Existenz. Selbst wenn sie Autoren sind, gute Vortragsredner und tolle, gut gebuchte Seminargeber: Oft schlägt das Mauerblümchen durch und sie verstecken sich und ihre Expertise.

So verkümmern Filme auf schlecht aufzufindenden Unterseiten der Webpräsenz und Vortragstermine findet man überhaupt nicht. Auf anderen Werbemitteln finden sich weder die Bezeichnungen „Autor" noch „Redner" und man käme nie auf die Idee, einen ausgemachten Experten vor sich zu haben.

7.3.9 Entwicklungswege für Koryphäen – damit jeder weiß, was Sie wissen ...

Vorhandene Expertise zeigen

Im ersten Schritt reicht es aus, alle bereits vorhandenen Nachweise der Expertise auch sichtbar zu machen. Sicherlich hat eine gut ausgebuchte Koryphäe weniger Zeit, sich selbst um die Aktualisierung der Website zu kümmern – und vermutlich hat sie auch nicht immer Lust dazu. Aber wenn organisatorische Dinge (und nicht hindernde Glaubenssätze) die Koryphäe blockieren, dann wird es höchste Zeit, sich nach Hilfe umzuschauen und ein (virtuelles) Vorzimmer einzurichten ...

Nur für Extrovertierte

Alle extrovertierten Koryphäen können mühelos auch Rampensäue werden – wenn sie es denn wollen. Sie sind Spezialisten auf ihrem Gebiet und werden mit fortgeschrittenem und sichtbar gewordenem Expertentum immer häufiger gebeten, dieses Wissen zu teilen. Wie weit die jeweilige Koryphäe dabei geht, hängt in erster Linie von ihrer Persönlichkeit ab. Unser Plädoyer ist ja, dass jeder sich selbst treu bleiben sollte!

RUTH: Es gibt einfach Themen, die für Fachkreise relevant sind (wie Marketing für Coaches) und Themen, die – richtig angepackt – auch für einen sehr viel größeren Kreis von Interesse sein können (wie Coaching allgemein). Allein daraus ergibt sich häufig, welche Art von Marketing man macht und welche Marketing-Kanäle man wählen kann. Dann ist man eher Super-Experte statt Rampensau ...

TANJA: Für mich macht einen Super-Experten aus, dass er nur über sein Wissen spricht – egal vor wie vielen Fernsehkameras. Als „reinrassige" Rampensau hingegen spreche ich gerne über Gott und die Welt und hoffe, dass dies sich positiv auf mein eigentliches Business auswirkt.

7.4 Praxisbeispiele für die Marketing-Rampensau

Sie glauben, die Marketing-Aktivitäten der Koryphäe sind kaum zu steigern? Weit gefehlt, für Marketing-Rampensäue ist das kein Problem. Dieser Marketing-Typ steht ganz am Ende unserer Vorstellung. Und das hat auch seine Berechtigung, denn Rampensäue nutzen alles Mögliche und Unmögliche für ihr Marketing.

	Mauerblümchen	Netzbürger	Koryphäe	Rampensau
Marketing-Instrument	Flyer	(Flyer)	(Flyer)	Flyer
	Internet-Visitenkarte	Internetauftritt	Internetauftritt	Internetauftritt
	Visitenkarte	Visitenkarte	Visitenkarte	Visitenkarten-nutzung zu Werbezwecken
		Twitter	Twitter	Twitter
		Blog	Blog	Blog
		E-Newsletter	E-Newsletter	E-Newsletter
		XING, Facebook ...	XING, Facebook ...	XING, Facebook ...
			YouTube	YouTube
			Vorträge	Vorträge
			Bücher	Bücher
			Zeitschriften	Zeitschriften
			Seminare	Seminare
				Teebeutel mit Werbeaufdruck verteilen
				TV-Auftritt
				Kooperationen mit einem Nagelstudio
				Karnevalskostüm mit Werbung
				Autowerbung

TANJA: Der Begriff „Rampensau" führt bei unseren Seminarteilnehmern erst mal zu Irritationen und Lachern. Dennoch weiß jeder sofort, was eine Rampensau ausmacht.

RUTH: Doch über den „blendenden" Auftritt auf der Showbühne hinausgehend, beinhaltet unsere Definition der Rampensau einen weiteren Aspekt: Sie ist – bei allem Showtalent – auch immer eine fachlich großartige Koryphäe. Leider findet man in den Medien häufig Beispiele, bei denen die letztgenannte Qualität nicht so stark ausgeprägt ist.

TANJA: Für den Typus Rampensau haben wir Coaches gewählt, von dem jeder fachlich und aus Marketing-Sicht einiges lernen kann.

7.4.1 *Kurzvorstellung unserer Rampensau*

TANJA: Über Rampensäue gibt es so viel zu sagen, dass unsere Kurzvorstellung hier Überlänge bekommt.

Name:	Dirk W. Eilert
Coaching-Schwerpunkt:	Wingwave-Coaching / Emotionscoaching
Websites:	↗ http://www.wingwave-akademie.de,
	↗ http://www.mikroexpressionen.de,
	↗ http://www.limbic-shop.de

Eine echte Rampensau kann einfach alles für ihr Marketing nutzen. Mit wem könnten wir das besser zeigen als mit unserem „Rampen-Eber" Dirk W. Eilert?

Dazu sei gesagt, dass Dirk – bislang – auch ohne unsere Unterstützung mit viel Geduld, noch mehr Fleiß und Trial and Error ein großartiges Marketing auf die Beine gestellt hat. Seit 2001 arbeitet er überaus erfolgreich als selbstständiger Coach und Trainer in Berlin. Seinen Berufsweg begann er als Beamter bei der Stadt Berlin.

RUTH: Das ist doch ein Scherz, oder?

TANJA: Hey Ruth, ich bin auch noch Beamtin auf Lebenszeit … *Noch* … Also sei vorsichtig!

RUTH: Dirk ist spezialisiert auf systemische Kurzzeit-Coaching-Konzepte im Bereich Emotionscoaching. Und „spezialisiert" bedeutet hier, dass wir es wirklich mit einem ausgesprochenen Experten zu tun haben!

TANJA: Ich bin auf Dirks Seminarangebot über eine Suche bei Twitter unter dem Begriff „wingwave" gestoßen. Eigentlich wollte ich mich nur vernetzen, aber da schlug Dirks ausgeklügeltes Marketingkonzept zu. Wie eine Maus von dem Käse bin ich in seine „Marketing-Mausefalle" gelockt worden und habe es bis heute noch keinen Tag bereut! Dirk ist ein sympathischer Kollege und ein ausgezeichneter Coach-Ausbilder. Die Liste seiner Fortbildungsangebote ist extrem lang und wird nur übertroffen von der Liste der Weiterbildungen, die er selbst in Anspruch genommen hat.

RUTH: An seinem Beispiel können wir Ihnen wunderbar zeigen, wie man die Klaviatur des Marketings mit Bravour spielt – und dies auch im technischen Sinne. An Dirks Marketingaktivitäten können wir Ihnen so ziemlich die ganze Palette der Werbe-Möglichkeiten vorstellen und eine Zusammenfassung (fast) aller im Buch vorgestellten Marketingideen auch optisch zeigen. Vielleicht inspiriert Sie ja die eine oder andere, sodass Sie sie für Ihr Marketing „modellieren"[28] können, denn Sie wissen ja: Menschen lernen am Modell.

Tanja: Das habe ich erst gestern wieder an meiner bezaubernden Tochter sehen können. Was spielt so ein fünfjähriges Kind, wenn es sich mit Papier und Stift und ernsthafter Miene an den Tisch setzt? „Mama, ich schreibe jetzt mal ein Buch!"

7.4.2 Marketing-Mittel der Rampensau: Flyer, Visitenkarte, Internetauftritt & Newsletter

Flyer

Wer in Dirks Räumen ein Seminar besucht, „stolpert" unweigerlich über seinen DIN-A4-großen Seminarflyer – und nimmt ihn gerne mit. Begeisterte Seminarteilnehmer möchten gerne mehr wissen und erfahren auf einer Seite etwas über zwölf weitere spannende Seminarangebote. Gleichzeitig ist der Flyer ein guter Werbeträger für die wingwave-Profi-Kartenbox, die Dirk gemeinsam mit Cora Besser-Siegmund erstellt hat. Die Box wird nicht nur gleich mitvermarktet, sondern zahlt zudem auf seinen Expertenstatus ein.

Weil Dirk weiß, dass Seminare mit Eventcharakter noch besser gebucht werden, findet sich auf dem Flyer ein sehr ansprechender Hotelvorschlag. Wer Hotel und Seminar als Paket bucht, bekommt Ersteres sogar etwas günstiger.

Seite 1 des zweiseitigen Flyers
für Dirk Ellerts Vertiefungsseminare

---

28 Das „Modelling" bildet das Herzstück des NLP. Die Begründer entwickelten einen Prozess, mit dem es möglich geworden ist, die besten Kommunikationsstrategien von Kommunikatoren auf Weltklasse-Niveau zu kopieren und so von diesen genialen Menschen einfach und schnell zu lernen. Quelle: Stephan Landsiedel.

Tanja: Für eher fußlahme Teilnehmer wie mich erweist es sich als besonders clever, dass seine neuen Coaching-Räume nur 100 Meter von diesem Hotel entfernt liegen.

Ruth: Keine Frage, Dirk ist Profi – das sieht man bereits am Flyer. Und die Idee mit dem Hotel ist auch gut – zumal es, liebe Tanja, dort ein Fitnessstudio gibt, das sehr lange geöffnet hat. Trotzdem gibt es auch bei Dirk noch Verbesserungspotenzial. Ich finde es sehr irritierend, dass mich auf dem Flyer eine fremde Frau begrüßt. Hier würde ich mir ein Foto von Dirk wünschen.

Internetauftritt:

Startseite des Internetauftritts ↗ http://www.wingwave-akademie.de

Wer auf Dirks Seite geht, sieht vor allem eines: Er ist sehr aktiv und nutzt wirklich die ganze Marketingbandbreite aus. Die Seite strotzt voller Navigationspunkte, Werbung für die wingwave-Kartenbox, Hinweise zu kostenfreien Telefonnummern, Social-Media-Kontaktmöglichkeiten wie Facebook, Twitter, YouTube und Google+. Es finden sich Serviceinhalte wie Literaturtipps, Angebote zur Interaktion in einem Forum und interessante Selbsttests.

Ruth: Schade, dass mich auch hier die fremde Frau begrüßt, an die ich mich so langsam gewöhne. Immerhin findet sich dieses Bild stringent auf allen Werbemitteln für seine Firma.

Tanja: Ich war beim ersten Besuch seiner Website sehr beeindruckt. Für mich war es nur etwas schwierig, mein gewünschtes Seminar zu finden. Aber an der Navigationsstruktur arbeitet Dirk im Moment.

Ruth: An Dirks Seite gefällt mir besonders gut, dass sie die Rampensau Tanja sprachlos gemacht hat. Für ein paar Sekunden ist sie doch glatt in Ehrfurcht verstummt, als sie Dirks Referenzen erblickt hatte.

Tanja: So etwas habe ich vorher wirklich noch nie gesehen. 180 Referenzen, sogar mit Bild! Bis das Buch raus ist, werden es bei Dirks Tempo wahrscheinlich schon über 200 sein. Zusammenfassend sei gesagt: Wer Inspiration für seine Internetseite braucht, ist bei Dirk genau richtig! Unnötig zu erwähnen, dass er noch weitere Internetseiten, wie z. B. den Limbic-Shop, hat. Wir haben uns aus der Vielzahl wingwave-akademie.de als Beispiel herausgepickt, da wir hier besonders viele tolle Marketingideen zeigen können. Dabei wird es Dirk nicht belassen. Er arbeitet bereits wieder an einem zusätzlichen Internetauftritt unter der Domain: ↗ http://www.mimikcode.de.

Ruth: Noch ein Wort dazu, warum die Referenzen auf ↗ http://wingwave-akademie.de wirklich spitze sind: Allein eine Namensnennung trägt dazu bei, dass eine Referenz glaubwürdig wirkt; mit einem Foto kann man das natürlich noch toppen. Die Menschen halten sozusagen ihren Kopf für Dirk hin – und das kommt einfach sehr menschlich und authentisch rüber.

Tanja: Dirk hat Referenzen von Seminarteilnehmern auf seiner Website. Bei reinen Coaching-Referenzen gestaltet sich das Ganze deutlich schwieriger. Aus diesem Grunde habe ich die Rückmeldungen meiner Klienten lieber anonym gehalten und nur einen Namenskürzel und den Ort verwendet. Natürlich gibt es auch da freiwillige Ausnahmen der Regel.

Newsletter

Natürlich kann man sich auf Dirks Internetseite auch für einen Newsletter anmelden.

Tanja: Leider ist es mir trotz zweimaliger Anmeldung nicht gelungen, mehr als eine Bestätigung dafür zu erhalten. Wenn man seinen Seitenbesuchern diese Möglichkeit anbietet, sollten auch regelmäßig Newsletter im E-Mail-Eingang auftauchen.

Visitenkarte

Selbstverständlich verfügt Dirk auch über
eine Visitenkarte. Diese ist mit einem ge-
stanzten Element versehen. Dadurch wirkt
sie besonders hochwertig.

TANJA: Ich frage mich nur: Was ist das für
ein Tier da auf der Karte?

RUTH: Ich meine, ich habe eine kostenlose Rufnummer auf der Website gesehen. –
Lass uns gleich mal nachfragen ☺.

7.4.3 Social-Media-Aktivitäten der Rampensau: Twitter, XING & Facebook

Twitter

Auszug aus Dirk W. Eilerts Twitter-Account

Dirk twittert regelmäßig und wechselt dabei geschickt die Themenschwerpunkte ab. Mal gibt es einen Tweet mit einem spannenden Fachartikel, dann wieder mal einen Akquise-Hinweis in eigener Sache, eine nette Nachricht für seine Seminarteilnehmer oder einen Link zu einem lustigen YouTube-Film. Mit dieser Abwechslung hält er seine Leser bei der Stange und gewinnt von Tag zu Tag mehr „Follower".

Tanja: Noch ein kleiner Tipp: Aus Marketing-Sicht könnte Dirk noch mehr Aufmerksamkeit erhaschen, wenn er bei seinen Tweets auch den Hashtag „#" verwenden würde. Denn nur Begriffe, denen dieses Zeichen vorangestellt wurde, können von Suchmaschinen gefunden werden.

XING

Selbstverständlich ist Dirk auch mit einem schönen XING-Profil vertreten. Er hat alle Inhalte passend zu seinem Angebot ausgefüllt und ist in vielen Gruppen aktiv.

TANJA: Sehr schön, dass er auch hier die Möglichkeiten für „Referenzen" nutzt. XING bietet dafür ein wunderbares Prozedere an: Man kann per Klick eine Referenz anfragen und hat zudem die Möglichkeit, diese nur dann online zu schalten, wenn sie auch positiv ausfällt. Nachdem man hierfür jedoch aktiv auf andere zugehen muss, gehen wir davon aus, dass dieses Vorgehen eher für die Rampensäue unter uns geeignet ist.

RUTH: Muss ich explizit erwähnen, dass Tanja diese Möglichkeit natürlich schon seit Langem nutzt?

TANJA: Wenn es überhaupt etwas gibt, was Dirk da noch besser machen könnte, wäre es, vielleicht im Feld „Weitere Profile von mir im Web" noch seine unzähligen Auftritte zu integrieren, wenn das zu seiner Marketing-Strategie passt. Bisher sind dort nur das Twitter und Facebook-Profil zu finden. Noch ein Tipp: In XING kann man kostenfrei auch seinen Firmennamen eintragen, Dirk ☺:

RUTH: Oh wie schrecklich – zwei Rampensäue unter sich!

Facebook

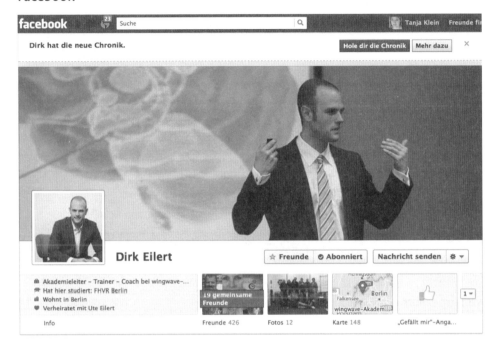

Dirk ist sehr aktiv und hält fast täglich Kontakt zu allen mit ihm verknüpften Menschen – bei Facebook „Freunde" genannt. Jeder Seminarteilnehmer hat so das Gefühl, immer zu wissen, was Dirk macht und wohin er gerade unterwegs ist. Er zeigt sich authentisch, so wie er ist. Wir erfahren, wo er Urlaub macht, er postet die von uns Coaches so geliebten Zitate, lustige Comics, freie Seminarplätze und startet auch Meinungsumfragen zu Themen, die ihn interessieren. Sobald er einen Fachartikel schreibt, wird dieser sofort auch in Facebook verlinkt.

7.4.4 Typische Marketing-Mittel der Rampensau: Weltrekorde, Filme & Firmen-Events

Dirk ist ein Tausendsassa, der selbst nicht davor haltmacht, an einem Weltrekordversuch mitzuwirken. Nora & Tolga vom Berliner Radiosender „Kiss FM" wollten mit ihrer Morningshow als „längste Morningshow der Welt" ins *Guinnessbuch der Rekorde*. Und sie haben es geschafft! Wer jedoch 73 Stunden Dauereinsatz am Mikrofon bewältigen will, benötigt Unterstützung. Und wer kann besser helfen, durchzuhalten, als ein wingwave-Coach?

YouTube-Filme

Bei Dirk wird vieles gefilmt, selbst seine Weihnachtsfeier aus dem Jahr 2011. Für alle Teilnehmenden, aber auch für alle anderen, die es interessiert, steht sie auf YouTube als Video zur Verfügung. So bewirbt Dirk ganz nebenbei die Feier des Folgejahrs und verbessert zugleich die Kundenbindung zu den bisherigen Teilnehmern. Die Kunde über den witzigen Film verbreitete Dirk geschickt über Facebook und Twitter und hängte natürlich den Link direkt an seine Posts dran.

TANJA: Bei mir hat die YouTube-Werbung schon funktioniert. Ich war ganz traurig, diese Feier verpasst zu haben! Umso schöner, dass wir 2012 dabei sein können und sogar einen Marketing-Vortrag halten dürfen. Natürlich dann auch vor der Kamera.

RUTH: Hilfe, ich will nicht gefilmt werden! – Okay, ich werde den Kameramann bestechen und dafür sorgen, dass bei unserem Vortrag immer nur du im Bild sein wirst ...

Firmen-Events

Mit der Weihnachtsfeier kommen wir zu Dirks gut durchdachten Veranstaltungen. Er weiß, dass Coaches extrem wissenshungrig sind, und ihm selbst ist es ein Anliegen, sein Wissen weiterzugeben. Deshalb reichert er seine Veranstaltungen mit spannenden Vorträgen an und würzt diese, für Unentschlossene, noch mit Event-Charakter.

Diese gute Kombination beschert ihm regelmäßig viele Teilnehmer. Sollten auch Sie Spaß an „Firmen-Events" haben, schlagen Sie damit gleich drei Fliegen mit einer Klappe:

■ Sie haben ein Thema, über das eine Zeitung berichten kann, und/oder etwas, wozu eine eigene Pressemitteilung lohnt.

■ Sie können die Kundenbindung erhöhen und Folgeaufträge generieren.

■ Sie können damit Neukunden akquirieren.

RUTH: Wolltest du deshalb eine Buch-Party? Ich dachte, wir wollten einfach nur „Danke" sagen? Dirks Weihnachtsfeier sah für mich in erster Linie auch aus wie eine schöne, familiäre und lustige Veranstaltung und nicht wie eine Marketing-Veranstaltung.

TANJA: Klar, manchmal gibt es auch bei Rampensäuen wie Dirk und mir einen anderen Hintergrund – wie „Danke sagen" – und endlich mal wieder ausgiebig feiern.

7.4.5 Was Rampensäue sonst noch in Bewegung setzen: Vorträge, Veröffentlichungen, Seminare & Apps

Vorträge

Einführungsvortrag „Emotionen Lesen"

RUTH: Schön angetextet! Also, ich meine nicht das Zitat unten und den Text dort, der ist aus meiner Sicht eher langweilig. Aber oben die Fragen, da wird jeder nicken (die Profis sagen: Eine Ja-Straße aufbauen) und schon, schwupp, liest man weiter.

TANJA: Es ist einfach unglaublich, auch hier macht Dirk wieder alles richtig! Mit diesem Vortrag bietet er den Zuhörern spannende Inhalte zum günstigen Preis. Und es würde mich sehr wundern, wenn nicht als „Nebeneffekt" der eine oder andere Zuschauer im Anschluss Interesse an einem Seminar bei Dirk hat. Oder vielleicht führt es auch dazu, dass jemand sein Online-Portal auf ↗ http://www.mikroexpressionen. de ansieht und vielleicht sogar einen Kurs bucht.

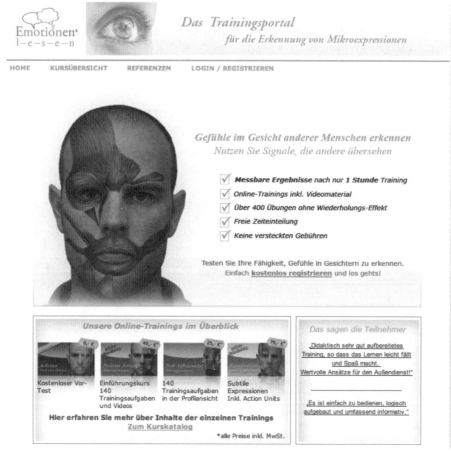

Eingangsseite des Trainings-Portals für Mikroexpressionen –
diesmal hält Dirk Eilert selbst sein Gesicht hin ...

Neben diesem Fachthema, bei dem Dirk bereits jetzt einen Koryphäenstatus genießt, hält er auch Vorträge über wingwave im Allgemeinen, aber auch spezialisiert auf „wingwave im Sportmentalcoaching" und vieles mehr …

TANJA: Ich könnte wirklich schreien[29]! Nicht nur, dass er Vorträge als Akquise-Möglichkeit clever nutzt. Nein, er ist auch noch so fleißig, diese bei OpenPR einzustellen. Hier ein Beispiel aus dem Jahr 2009:

wingwave-Vortrag bei openPR

---

29 **RUTH:** Hat sie wirklich – ich saß daneben.

Veröffentlichungen in Zeitschriften und eigene Bücher

Wann Dirk auch noch die Zeit findet, Bücher zu schreiben, ist uns schleierhaft. Aber tatsächlich gibt es neben einer Vielzahl veröffentlichter Interviews in Zeitschriften zu Themen wie „Angst kann man verlernen" und „Zahnbehandlungsangst" auch noch eine Reihe von Fachveröffentlichungen zu Dirks korrespondierenden Coachingthemen:

Links das kostenfreie (!) E-Book zum Thema „Emotionen lesen" und rechts die wingwave-Coaching-Profi-Box", erschienen bei Junfermann.

RUTH: Aus Marketing-Sicht ist es sehr gut, Wissen auch kostenfrei weiterzugeben. So wird das E-Book zur wunderbaren „Einstiegsdroge" zum Thema Emotionen lesen und erhöht die Seminarbuchungen und Kursverkäufe auf der Plattform.

Seminare

Für Trainer sind Seminare ein Hauptbestandteil des Einkommens und zeigen den potenziellen Coachingkunden zugleich auch die fachliche Expertise. Dirk bietet auf seiner Internetseite über ganz Deutschland verteilte wingwave-Fortbildungen und Seminare zu Themen wie „Emotionen lesen", „Imaginative Familienaufstellung", „Ziele- und Ressourcenarbeit" und viele weitere mehr an. Wenn Sie bis hierhin alles über Dirks Aktivitäten gelesen haben, dann verstehen Sie, wie er es schafft, durch viel Marketingfleiß diese Seminare auch wirklich alle gut zu füllen.

App

App zur Hemisphärenstimulation

Dirks App „HemiBalance" wurde insbesondere für Coaches und Therapeuten entwickelt, zur direkten Anwendung im Coachingprozess mit ihren Klienten. Durch abwechselnde Links-rechts-Töne sorgt die App für eine bilaterale Stimulation der Hemisphären und hilft so, Leistungsstress zu reduzieren und den Aufbau positiver Emotionen zu unterstützen. So mancher Seminarteilnehmer ist erst über dieses Tool überhaupt auf Dirk aufmerksam geworden. Sicherlich ist diese Marketingmöglichkeit nicht ganz so leicht für jeden umzusetzen, denn eine App programmieren zu lassen ist nicht gerade preiswert und kann mehrere Tausend Euro kosten. Wir fanden dieses Angebot aber so spannend, dass wir Ihnen zumindest die Information darüber weitergeben wollten. Vielleicht können auch Sie etwas, das außer Ihnen niemand kann – oder zumindest nicht daran gedacht hat, eine App zu diesem Thema zu programmieren?

RUTH: Und machen Sie sich frei von der Idee, dass Sie dies selbst programmieren müssen. Dafür gibt es nun wirklich ganz eigene Koryphäen.

7.4.6 Die Rampensau in Bild und Ton: TV-Auftritte und Radio-Interviews

Auch diese kostenfreie Akquise-Möglichkeit lässt Dirk nicht ungenutzt. Er ist regelmäßiger Gast in Fernseh- bzw. Radiostudios und talkt dort ganz entspannt über Themen, zu denen sicherlich auch Sie einen guten Beitrag liefern könnten. Dann müssen Sie jetzt nur noch eine Möglichkeit finden, dass die Sender Sie auch finden können.

Wie macht man das? Hier ein paar Beispiele:

- Nutzen Sie (falls vorhanden) persönliche Kontakte aus der Medienbranche.
- Suchen Sie z.B. in XING nach Fernseh- oder Radioredakteuren.
- Rufen Sie bei von Ihnen bevorzugten Sendern an und fragen Sie, wohin Sie Ihr Expertenprofil schicken sollen und in welchem Format.
- Schreiben Sie Leserbriefe an Zeitungen oder Zeitschriften, aus denen Ihre fachliche Expertise hervorgeht und die nahelegen, dass man auf Sie zukommt.
- Lassen Sie sich zu ganz anderen Themen interviewen und erwähnen Sie beim Abschied, dass Sie zu Ihrem Wunschthema auch etwas zu sagen hätten.

Jetzt haben wir Ihnen den Großteil von Dirks Werbemitteln kurz vorgestellt und wahrscheinlich sind Sie zu Recht erschlagen und fragen sich: „Na toll, dass Herr Eilert das so super macht. Aber was habe ich davon?"

RUTH: Ich bin mir sicher, dass gerade einigen Koryphäen auffällt, wie viel auch sie eigentlich schon gemacht haben – nur dass sie es bisher nicht für ihr Marketing genutzt haben. Außerdem sollte jeder hier ganz viele konkrete Anregungen für sich selbst mitnehmen können. Sicherlich haben Sie auch schon einige Ideen, was Sie einmal gerne ausprobieren würden. Es muss ja nicht gleich der Fernsehauftritt sein.

TANJA: Stimmt, denn gerade Auftritte in Live-Sendungen bergen ein großes Risiko und wollen professionell vorbereitet sein. Sie brauchen starke Nerven und vieles mehr. Ich hatte bereits mehrfach die Gelegenheit, bei Fernsehaufzeichnungen mitzumachen, und Ruth und ich drehen ja auch für unsere Kunden. Aus dieser Erfahrung heraus haben wir Ihnen eine Check-Box zusammengestellt, damit auch Ihr erster Auftritt gut gelingt und Sie das Maximale an Werbewirkung damit erzielen.

Fernsehauftritts- und Vermarktungs-Check-Box:

○ Haben Sie wirklich Spaß daran, im Fernsehen aufzutreten? Wenn es nur ein notwendiges Übel ist, empfehlen wir Ihnen, es lieber zu lassen.

○ Wissen Sie, in welcher Sendung der Beitrag gezeigt wird?

○ Vertrauen Sie dem Redakteur, dass er dafür sorgt, dass Sie als Person auch korrekt in der Sendung präsentiert werden?

○ Haben Sie dem Team Input für die von Ihnen gewünschte „Bauchbinde[30]" gegeben? Achten Sie darauf, dass Informationen über Sie als Coach auch korrekt dargestellt werden, damit Interessierte Sie leichter finden können.

○ Haben Sie die Chance, Ihre Inhalte noch vor der Ausstrahlung freizugeben? Leider ist dies sehr unüblich, aber versuchen können Sie es!

○ Achten Sie auf bequeme Bekleidung, in der Sie sich wohlfühlen. Es lenkt Sie zu stark vom Inhalt ab, wenn Sie auch noch auf den korrekten Sitz der Bluse achten müssen.

○ Ist Ihre Kleidung auch „fernsehtauglich"? Vermeiden Sie eher schwarze, reinweiße, kleingemusterte und changierende Kleidung.

○ Lassen Sie sich unbedingt schminken. Ohne Puder kommen Sie ungewollt glänzend daher ... Organisieren Sie dies zur Not selbst!

○ Haben Sie ein gutes Honorar ausgehandelt? Üblich sind meist zwischen 50-500 Euro pro Drehtag. Je höher Ihr Expertenstatus und je größer Ihr Bekanntheitsgrad, umso mehr können Sie fordern.

○ Haben Sie den Vertrag gut durchgelesen und sind Sie mit allem einverstanden? Die meisten Sender können Ihre Beiträge in sämtlichen Sendungen ohne Ihre Zustimmung reinschneiden ... Manchmal hat man die Chance, einzelne Vertragsklauseln zu streichen.

○ Kennen Sie den Ausstrahlungstermin und die erwartete Einschaltquote?

○ Haben Sie für die Aufzeichnung alle Coaching-Requisiten dabei, die Ihnen im Vorfeld auch einen entspannten Zustand ermöglichen?
TANJA: Ich gehe nie ohne meinen iPod mit wingwave-Musik zu einem Dreh.

○ Haben Sie für den Redakteur auch eine kurze Mappe mit Ihrem Profil dabei? Auf diesem Wege kommen Sie sehr schnell in einen TV-Experten-Pool und werden öfter angefragt.

---

30 Das ist die Bezeichnung für den kurz eingeblendeten Querbalken, auf dem der Name und die Berufsbezeichnung stehen.

○	Haben Sie auch genügend Visitenkarten dabei? Auch in der Medienbranche haben viele Menschen Probleme und Sie werden nach dem Dreh garantiert gerne weiterempfohlen.
○	Haben Sie alle benötigten Unterlagen und Accessoires für den Dreh dabei?
○	Ist Ihnen bewusst, wie wichtig es ist, zu jedem im Filmteam freundlich zu sein? Ein verärgerter Beleuchter wird Sie nur ungern ins ganz rechte Licht rücken ...
○	Haben Sie um eine DVD Ihres Auftritts gebeten? Diese erhalten Sie meist kostenfrei zugeschickt.
○	Haben Sie Ihren **geplanten** TV-Beitrag auf Ihrer Internetseite angekündigt und über Twitter, Facebook, XING ... kommuniziert?
○	Haben Sie die Information über Ihren **ausgestrahlten** TV-Beitrag bereits auf Ihrer Internetseite, über Twitter, Facebook, XING ... kommuniziert?
○	Haben Sie die Rechte, Ihren Beitrag auf Ihre Internetseite zu stellen? Dann sollten Sie bzw. Ihr Webmaster dies tun, falls Ihnen das Endergebnis gefällt.
○	Wenn der Beitrag auf Ihrer Website ist: Haben Sie daran gedacht, durch sinnvolle Metatags Ihren TV-Auftritt auch für Suchmaschinen auffindbar zu machen? Integrieren Sie Suchbegriffe wie Name des Senders, Name der Sendung und z. B. „Bewerbungs-Coach", wenn Sie als solcher dort aufgetreten sind.

Tanja: Versuchen Sie sich lieber erst einmal an einer Fernsehaufzeichnung. Wenn Sie sich ganz schlimm verhaspeln, können Sie darum bitten, diesen Part einfach wegzuschneiden bzw. ihn erneut zu sprechen.

Ruth: Bitte denken Sie nicht, dass Ihnen am Tag nach der Ausstrahlung die Tür eingerannt wird. Seien Sie realistisch im Hinblick auf mögliche Kundenresonanz. Bis die ersten Neukundenanfragen nach einem Fernsehauftritt bei Ihnen ankommen, kann es dauern. – Erst einmal rufen nur alle Bekannten und Freunde an: „Ich habe dich gerade im Fernsehen gesehen!"

Tanja: Die Frage ist auch, wie wichtig das Fernsehen in Zukunft sein wird. Gerade bei jungen Menschen holt das Internet gewaltig auf und wird oder ist schon wichtiger als das Fernsehen.

Ruth: Das ist übrigens bei Dirk auch ganz schön zu sehen. Dass man immer mit der Zeit gehen muss und immer die Augen offen haben sollte, für neue Marketingideen. Wer hätte vor fünf Jahren geglaubt, dass ein App eine gute Einnahmequelle und Marketingidee sein könnte? Wo wir gerade beim Technik-Kram sind: Glauben Sie ja nicht, dass es überwiegend männliche Vertreter des Marketingtyps Rampensau gibt!

7.4.7 Kurzvorstellung des Typs Rampensau – diesmal weiblich

Name:	Gerda Ehrlich
Coaching-Schwerpunkt:	Privatkundencoaching, besonders von Kindern und Jugendlichen
Website:	↗ http://www.ehrlich-gesagt.com

Auf dem Bild sehen Sie Gerda Ehrlich, unsere Marketing-Rampensau aus der Schweiz.

TANJA: Gerda „flatterte" über ein Mailing mit Seminarflyer zu mir ins Haus. Ich war von ihrem Angebot begeistert und habe sofort die von ihr dort beworbene Ausbildung gebucht. Seit über 14 Jahren arbeitet Gerda als diplomierte Erwachsenenausbilderin. Neben ihrer Praxis für Gestalt- und Traumatherapie ist sie Dozentin an der APAMED-Fachschule. Darüber hinaus ist Gerda eine der besten Kinder-Coaches in ganz Europa. Als ich ihr Seminar zum „Kinder- und Jugendcoach wingwave" besuchte, begegnete ich Gerda zum ersten Mal. Ich war sofort von ihrem Know-how begeistert. Zugleich kam Gerda mir extrem bescheiden vor.

Nach zwei gemeinsamen Tagen in der Fortbildung spürte Gerda, dass sie eine noch „ungeküsste Rampensau" sein könnte. Deshalb bat sie mich ganz bewusst um ein Marketingseminar bei ihr in der Schweiz – und natürlich wollte sie auch selbst teilnehmen.

RUTH: Ich kann mir genau vorstellen, wie es Gerda mit dir als Seminarteilnehmerin ergangen ist. Du erzählst ja, wo du stehst und gehst, von deinen Marketingideen. Da hat sie bestimmt gedacht: „Mh, das macht sie irgendwie besser als ich ..."

Und tatsächlich war dann in unserem Seminar die Entwicklung bei Gerda besonders spannend zu sehen. Noch am ersten Seminartag wurde nach Auflösung undienlicher Glaubenssätze aus dem Mauerblümchen plötzlich eine strahlende Rampensau. Seitdem geht es mit Gerdas Marketing rund! Sie hat sofort damit angefangen, ihr komplettes Angebotsportfolio zu überarbeiten. Ihre Internetseite wird im Moment ebenfalls sukzessive umgestaltet. Sie spricht jetzt auch viel selbstbewusster über ihre Arbeit – und das nicht nur im persönlichen Kontakt. Gerda ist jetzt auch bereit, ihre Expertise in Funk und Fernsehen weiterzugeben. Selbst vor einem eigenen Messestand schreckt sie nicht mehr zurück. Leider können wir Ihnen von diesem Stand kein Foto bieten, aber so viel sei gesagt: Er war ausgefallen, authentisch und nicht kopierbar.

Wer Gerda privat begegnet, merkt schnell, dass sie für ihr Thema „gewaltfreie Kindererziehung" brennt. Deshalb macht sie, wo sie geht und steht, Werbung für sich und ihre Mission. Und genau das macht echte Rampensäue aus: Allein durch ihre Persönlichkeit werben sie für sich und ihr Angebot – ob sie das beabsichtigen oder nicht! Jede normale „Alltagssituation" wird zur Marketingchance.

7.4.8 Die Königsdisziplin der Rampensau: Marketingchancen sehen

Für ausgewachsene Rampensäue gilt: Jede (Un-)Möglichkeit wird als Marketingchance erkannt und auch genutzt.

Ruth: Da ist Tanja wirklich ein sehr gutes Beispiel. Manchmal ist es schon krass, mit ihr privat unterwegs zu sein. Ich weiß nie, was sie als Nächstes tun wird ...

Tanja: Komm mir jetzt nicht mit der Museumsgeschichte!

Ruth: Oh doch – das muss sein. Also, ich war mit Tanja in meinem Lieblingsmuseum, dem K21 in Düsseldorf. Wir betraten einen fast leeren Ausstellungsraum. Lediglich mit einer theatralischen Beleuchtung und einem Mikrofon hatte Künstler Rafael Lozano-Hemmer[31] eine einzigartige Atmosphäre geschaffen. Dieses Kunstwerk war auf Interaktion ausgelegt und wenn man in das Mikro sprach oder sang, „antwortete" die Aufnahme eines vorherigen Besuchers. Was machte Tanja? Ehe ich sie aufhalten konnte, ging sie zum Mikrofon und rief freudig hinein: „Probleme im Job? Coaching hilft! Gehen Sie einfach auf ↗ http://www.KleinCoaching.de".

Rampensäue kooperieren ungewöhnlich

Wir haben in den vorherigen Kapiteln schon einige interessante Kooperationsideen an Sie weitergegeben. Die Rampensäue gehen bei diesem Thema noch einen Schritt weiter und kooperieren mit Branchen, die auf den ersten Blick erst einmal ungewöhnlich erscheinen.

Ruth: In Tanjas Anfangsjahren war ganz Bonn mit ihren Flyern oder Visitenkarten gepflastert! Es war egal, ob Sie in einem Nagelstudio waren, sich Ihre Haare bei einem exklusiven Friseur schneiden ließen, im Reformhaus einkauften oder sich einfach mal schnell in einem Bistro ein paar Nudeln einverleiben wollten: Überall strahlte Sie Tanjas Konterfei an.

---

31 Im Rahmen der Ausstellung „Intensif-Station" – 26 Künstlerräume im K21, 2011.

TANJA: Stimmt, mittlerweile habe ich so viele Kunden, dass ich von dieser Maßnahme absehe. Ein Grund dafür war vielleicht auch, dass so viele Fremde auf Partys sagten: „Komisch, du kommst mir irgendwoher bekannt vor. Kenne ich dich vielleicht aus dem Fernsehen?" Aber ganz ehrlich: Auf diesem Wege habe ich sehr viele Kunden gewonnen!

Rampensäue lieben die Bühne – egal ob privat oder beruflich

RUTH: Mittlerweile hat Tanja einen größeren Marketinghebel gefunden: Den Bildschirm, ob im Fernsehen oder via Internet. Statt ein paar Hundert Bonner mit ihren Flyern zu „belästigen", lernen sie ein paar Tausend Menschen im deutschsprachigen Raum in YouTube mit ihren wingwave-Film oder ein paar Millionen Zuschauer über das Fernsehen kennen. Sie hat bisher zweimal auf RTL als Bewerbungscoach Müttern gezeigt, wie man authentisch und trotzdem erfolgreich bei der Jobsuche sein kann. Aktuell plant mal wieder ein großer Sender eine Art „Homestory" über die Familie Klein, weil es in Tanjas Patchwork-Familie außergewöhnlich harmonisch zugeht.

TANJA: Aber hier sehen wir wieder mal, wie absichtsfreies Handeln funktioniert. Eine Bekannte suchte händeringend eine Patchwork-Familie für ein Interview für die Zeitschrift „Eltern Family". Alle in unserer Familie hatten Spaß daran und am Ende wurde über diesen Artikel das Fernsehen auf uns aufmerksam. Übrigens: Diese Homestory wurde gerade in letzter Minute abgesagt, weil der Chefredakteur doch eine andere Familienkonstellation wollte. So etwas passiert in der Medienwelt häufig. Wer mit dem Fernsehen zu tun hat, sollte sich auch auf solche Eventualitäten einstellen.

RUTH: Im Zusammenhang mit dem Sendungsbewusstsein der Rampensäue gibt es so manch bösen Zungenschlag. Ich möchte hier gerne eine Lanze für diesen Marketingtyp brechen, denn oft stecken hinter ihren unzähligen Marketingaktivitäten ganz andere Motivationen, als man denkt.

Vorurteile über die Rampensau

Wer gerne über sich bzw. sein Angebot spricht, dem wird von einigen Kollegen oft „Böses" unterstellt. Die Vorwürfe können von „extrem geschäftstüchtig" bis „Selbstdarsteller mit nichts dahinter" gehen. Unserer Erfahrung nach geht es jedoch den wenigsten Rampensäuen um ihr Ego. Natürlich gibt es auch diese Coach-Kollegen, aber sie sind sicher die Ausnahme.

Ruth: Ich als Vegetarierin will jetzt nicht sagen, dass abgebrühte Rampensäue anders aussehen, aber das trifft es. Gerda ist ganz sicher für ihr großes Herz bekannt und Dirk ist so freundschaftlich vernetzt – das spricht nicht für zu viel Ego. – Tanja, muss ich dich jetzt auch noch verteidigen? Ich kenne niemanden, der so großzügig mit seinem Know-how umgeht (sogar gegenüber direkten Mitbewerbern!) und so gerne dafür sorgt, dass es den Menschen gut geht.

Tanja: Oh, danke schön – im Namen aller Rampensäue und auch von mir ganz persönlich. Als Coach darf ich mein Ego sowieso nicht durch meine Arbeit befriedigen, da gibt es völlig zu Recht ganz klare Vorgaben der jeweiligen Coaching-Verbände.

Welche Motivation treibt die Rampensau an?

Ruth: Eine andere, als viele Menschen denken. Bei Gerda zum Beispiel spürt man den großen Wunsch, dass allen Kindern eine gewaltfreie Erziehung ermöglicht wird – körperlich und verbal. Das treibt sie an und lässt sie – mittlerweile gerne – über ihr Angebot sprechen.

Tanja: Bei mir ist es die große Freude an der inneren Heilung meiner Klienten. Wenn eine zwölfjährige Klientin nach einer Coachingsitzung ihre Prüfungsangst verliert und statt Sechsen auf einmal wieder Einsen und Zweien schreibt – das ist toll. Das lachende Gesicht dieses Mädchens ist meine Motivation, noch mehr Menschen etwas über Coaching zu erzählen. Ich will ja gar nicht, dass jeder zu mir kommt. Ich möchte nur, dass die Menschen von dieser Möglichkeit erfahren. Als ich damals meinen YouTube-Film über wingwave gedreht habe, wollte ich einfach nur, dass ganz viele Menschen von dieser tollen Methode erfahren. Das war einige Zeit, bevor die Dokumentation „Die Seelenflüsterer" mit Cora Besser-Siegmund und Harry Siegmund im SWR-Fernsehen gezeigt wurde.

Ruth: Aber bei dir geht es ja sogar noch einen Schritt weiter: Du verschenkst neben deinen Coaching-Formblättern sogar noch deine Vortragskonzepte inklusive Handouts. Das ist auch in deiner Branche eher unüblich – so gänzlich unentgeltlich.

Tanja: Das ist für mich selbstverständlich. Zudem möchte ich ja gerne, dass zum Beispiel das Wissen zum Thema „Wie kommuniziere ich liebevoll mit Kindern" weiter verbreitet wird. Im 21. Jahrhundert wird Wissen immer mehr zur „OpenSource". Das gilt auch für uns Coaches.

Ruth: Diese Freigiebigkeit ist aus meiner Sicht eine Fähigkeit der Rampensau. Das Mauerblümchen würde gar nicht denken, dass die eigenen Konzepte „gut genug" dafür sind bzw. wüsste gar nicht, auf welchem Wege es diese den Kollegen anbieten könnte. Das lustige bei euch Rampensäuen ist, dass ihr sogar durch solche Verschenk-Aktionen Neukunden gewinnt.

> **Was können Rampensäue darüber hinaus noch für sich und ihren Auftritt tun?**
>
> Nichts – absolut gar nichts! Im Gegenteil, sie sollten vielleicht sogar weniger tun ... Und damit sind wir schon beim nächsten Punkt: bei den Gefahren.

7.4.9 Gefahren für die Rampensau

Die Rampensäue sind laufende Litfaßsäulen, haben dadurch viele Kunden und investieren viel Arbeit in alle Marketingaktivitäten: Der Internetauftritt will gepflegt werden, Newsletter getextet und verschickt, der Artikel geschrieben, der Vortrag konzipiert, der Fernsehauftritt vorbereitet werden. Zu all dem muss noch die Information über alle Aktivitäten via Facebook, Twitter und XING verbreitet werden. Außerdem wollen auch noch nicht ganz so erfolgreiche Coaches auf dem Trittbrett mitfahren und um Kooperation bitten und wollen „mal etwas gemeinsam machen". Rampensäue sind mit Abstand am stärksten burnout-gefährdet. Fast keine Marketingchance lassen sie aus und landen so schnell im Hamsterrad. Sie fragen sich, wann sie denn das alles *auch* noch machen sollen und wollen wirklich jedem Kontakt gerecht werden. Dabei wissen sie nicht, wann es je wieder weniger zu tun geben wird.

Tanja: Auch wenn es mir als waschechter Rampensau wirklich schwerfällt: Mittlerweile lasse ich mir gut 80 % der Marketingchancen bewusst entgehen. Ich bin bereits zu 100 % ausgelastet. Meine Neukunden müssen schon jetzt wochenlang auf ein Vorgespräch warten. Weshalb sollte ich noch mehr Werbung machen? Das ist auch der Grund, weshalb Sie bei mir nicht alles finden, was wir Ihnen vorstellen.

Aber warum fällt es uns Rampensäuen so schwer, damit aufzuhören? Auch Dirk könnte schon lange kürzer treten ... Auch wenn es uns die Marketing-Mauerblümchen nicht glauben: Uns geht es gar nicht mehr um Neukunden, glücklicherweise haben wir mehr als genug. Nein, wir lieben es einfach, Marketing zu machen. Wobei ich sagen muss, dass Dirks Marketingaktivitäten die meinen um Längen in den Schatten stellen.

Ruth: Das ist auch gut so! Sonst hättest du überhaupt keine Zeit mehr für dich und für unsere Buchprojekte.

Rampensäue sind leicht Opfer von Neid und Häme

Rampensäue sind im Marketing die Fleißigsten – und somit auch gut sichtbare Ziele. Sie erleiden am ehesten eine unschöne Art der Anerkennung (siehe auch Kapitel 9.2). Wie aber heißt es so schön: „Mitleid bekommt man geschenkt, Neid muss man sich verdienen".[32]

TANJA: Manchmal ärgert mich mein exzessives Marketing: In jeder Fortbildung sitze ich zwischen fremden Leuten, aber viele von ihnen kennen schon mich. Ich bin in der „Szene" bekannt wie ein bunter Hund. Dadurch habe ich das ungute Gefühl, dass ich etwas unter Beobachtung stehe, nach dem Motto: „Na so was, jetzt hat sie doch glatt bei der ersten Übung im Seminar einen Fehler gemacht. Und so jemand will etwas über wingwave erzählen ..." Aber das bilde ich mir mir wahrscheinlich nur ein und überdies führen solche Gedanken mich regelmäßig zurück zum Thema Selbstcoaching und Supervision.

RUTH: Also, wo geht's hin? Was können die Rampensäue für ihre Marketingentwicklung tun? Bei diesem Marketingtypen geht es schon eher in Richtung Persönlichkeitsentwicklung, da beides, Persönlichkeit und Marketing, so eng miteinander verdrahtet sind.

7.4.10 Entwicklungswege für die Rampensau: Weniger ist mehr

Sie als Rampensäue sollten sich überlegen, was Sie ab sofort weniger machen wollen. Legen Sie lieber den Fokus auf einige durchschlagende Aktivitäten, statt überall mit 40 % dabei zu sein. Oft reicht ein sehr gut gepflegter Internetauftritt aus und Sie sind ausgelastet. Sagen Sie netten Kollegen auch mal „Nein", wenn Sie auf eine Kooperation angesprochen werden, oder halten Sie nicht jeden Vortrag – auch wenn Sie es könnten. Fragen Sie sich bei jeder neuen Marketingidee: „Wozu sollte / muss / möchte ich das machen?" Dann fallen oft viele Aktivitäten weg und Sie haben Zeit zum Lesen, Kochen, für Yoga oder können auch mal wieder Freunde treffen.

TANJA: Da fällt mir eine witzige Mutprobe ein, die ich mir als Rampensau ab und zu auferlege:

> **Mutprobe:** Gehen Sie mal auf eine Party und erzählen NIEMANDEM, was Sie beruflich machen!

---

32 Diese weisen Worte stammen von Robert Lemke.

Die Entwicklungs-Endstufe der Rampensau ist erreicht, wenn andere über Sie reden und schreiben. Sie sind dann so etwas wie ein „Super-Experte mit Rampensau-Charakter". Sie bekommen höchst mögliche Tagessätze von Menschen und Firmen, die dies gerne für Sie ausgeben. Dann können Sie – wenn Sie mögen – nach den „Robin-Hood-Prinzip" immer noch günstiger für Menschen da sein, die ebenfalls Ihre Unterstützung benötigen, Ihnen aber nicht ganz so hohe Honorare zahlen können.

Damit Ihnen das Zurückfahren Ihres Marketings etwas leichter fällt, zeigen wir Ihnen – und auch allen anderen Marketingtypen – im nächsten Kapitel, was Sie sich aus unserer Sicht sparen können – ganz reell, im Hinblick auf Ihr Portemonnaie, und an Lehrgeld.

8. | Die Marketing-Trick-Kiste

„Wann soll ich das noch alles machen? Die beiden sind doch verrückt!" – Diese Reaktion ist nach dem letzten Kapitel absolut verständlich. Wenn wir Sie damit erschlagen haben, dann kommt jetzt die gute Nachricht. Sie kennen jetzt schon fast die gesamte Palette aller Marketing-Möglichkeiten und können nun für sich auswählen, was Ihnen gefällt und sinnvoll erscheint.

Womit haben wir für Sie die Marketing-Trick-Kiste gefüllt? Im ersten Abschnitt dieses Kapitels (8.1) werden wir etwas Last von Ihren Schultern nehmen und zeigen, was Sie sich alles sparen können. Denn weder benötigen Sie alles, was möglich ist, noch müssen Sie alles alleine machen. Wir zeigen Ihnen, vor was Sie sich hüten sollen, wo es Geld und Zeit zu sparen gibt, und wo es sich lohnt, beides zu investieren.

Im darauffolgenden Abschnitt (8.2) erfahren Sie, was Sie Ihren Kunden ersparen können, und in 8.3 verraten wir Ihnen, welche Minimal-Lösungen es für Ihren authentischen Auftritt gibt. Dann folgen in Abschnitt 8.4 noch weitere „Marketing-Ideen für jedermann" (und für ein geringes Budget) – und falls Sie dann noch Lust auf mehr haben, warten unter 8.5 einige unorthodoxe Marketingideen auf Sie, die nicht viel kosten.

8.1 Was Sie sich sparen können

Rund ums Marketing gibt es so einiges, das Sie sich sparen können. Wie so oft werden Sie auch hier feststellen, dass manchmal weniger mehr ist. Das erspart Ihnen viel Frust – ohne Klienten- und Umsatzverlust.

RUTH: Das reimt sich auch noch.

8.1.1 Unnötige Telefongespräche mit Callcenter-Mitarbeitern

Gerade wenn Sie neu am Markt sind oder das erste eigene Büro beziehen, werden Sie sich wundern, dass schon nach wenigen Tagen das Telefon des Öfteren klingelt. Lächelnd melden Sie sich und freuen sich schon auf einen netten Interessenten am anderen Ende der Leitung. Die Laune vergeht Ihnen jedoch ganz schnell, wenn Sie zum dritten Mal in Folge einen Telefonverkäufer an der Strippe haben, der gerne den

Geschäftsführer Ihrer Firma sprechen will, um diesen – also Sie –zu einem unnötigen Kauf zu überreden.

TANJA: Meistens wollen diese Callcenter-Agents Ihnen Einträge – auf zum Teil selten frequentierte Internetseiten – verkaufen. Für *nur* 200 Euro im Jahr ... Natürlich gibt es auch andere Vertriebler, die Ihnen Versicherungen, Werbeflächen oder Zeitschriftenabonnements andrehen wollen. Auch wer schon länger im Geschäft ist, kennt diese Anrufe. Aber gerade bei Existenzgründern rechnen sich diese Verkäufer aus, viel bessere Chancen zu haben – und entsprechend geschickt versuchen sie, diese zu nutzen.

RUTH: Zum einen liegt das daran, dass die Deutsche Post zum Beispiel Daten aus der „Umzugsdatenbank" verkauft. Auch die IHK, viele Büromittelversender, aber auch Banken und Versicherungen verdienen mit dem Adressmaterial ihrer Kunden bzw. Ex-Kunden und Interessenten Geld. Die Adress-Käufer setzen diese Informationen dann ganz gezielt für ihre Neukundengewinnung ein. Und an dieser Stelle müssen gerade neue Gründer erst lernen, dass man leider nicht jedes Gespräch ausführlich und höflich führen kann. Denn haben die geübten Verkäufer erst mal losgelegt, gibt es häufig kein Halten mehr.

TANJA: Leider gibt es in dieser Branche ja auch ein paar schwarze Schafe. Es gibt so manchen Kunden, bei dem ein dreimaliges „Ja-Sagen" – auf welche Frage auch immer – plötzlich unbemerkt zu einem Vertragsabschluss geführt hat. Deshalb bin ich bei solchen Anrufen mittlerweile ziemlich unhöflich geworden und lege nach einem freundlichen „Nein, vielen Dank, ich brauche wirklich nichts von Ihnen" auf.

RUTH: Richtig. Hier können unsere Leser nicht nur kostbare Gesprächszeit, sondern vor allem wertvolles Marketingbudget für wirksamere Maßnahmen sparen!

8.1.2 Marketing „Marke Eigenbau", Teil 1: Ich gestalte mir ein Logo

Logischerweise brauchen Sie ein Logo! Wirklich? – Ein erstes eigenes Logo erfüllt viele von uns mit Stolz und macht die eigene Firma greifbarer.

TANJA: Ein gutes Logo selbst herzustellen ist gar nicht so einfach. Nicht umsonst beauftragen die meisten Laien eine Agentur oder einen Grafiker mit der Gestaltung. Das eigene Logo soll prägnant und wiedererkennbar sein und als Identifikation für das gesamte Unternehmen gelten.

RUTH: Jetzt sind Sie Coach und sehen sich nicht so sehr als „Unternehmen"; das Logo soll allein für Sie stehen. – Aber das heißt nicht, dass generelle Anforderungen an ein Logo nicht auch für Sie sinnvoll sind:

Diese fünf Grundsätze sollten Sie bei der Gestaltung Ihres Logos berücksichtigen:

- *Verständlichkeit:* Das Logo kann in Bild und Schrift entweder Ihren Namen (in Teilen) wiedergeben oder auf Ihren Beruf hinweisen. Gänzlich „fremde" Zeichen oder Buchstaben schaffen nur Verwirrung.
- *Unverwechselbarkeit:* Ihr Logo sollte einzigartig sein, aus Identitäts-, aber auch aus rechtlichen Gründen.
- *Einprägsamkeit:* Wenn Ihr Patenkind das Logo schon bald nachzeichnen kann, dann ist das prima. Das heißt nämlich: Es ist einfach genug gestaltet und leicht zu merken.
- *Reproduzierbarkeit:* Bedenken Sie, dass Ihr Logo nicht nur auf Ihre Visitenkarte muss. Es muss klein und groß funktionieren, selbst auf einem Fax noch lesbar sein.
  TANJA: Oder für die Rampensäue unter uns auch auf einem T-Shirt gut aussehen.

Ganz schön schwierig, oder? Wenn Sie sich umschauen, werden Sie feststellen, dass kaum ein Coach ein wirklich gutes Logo hat.

TANJA: Kein Problem – denn für uns Coaches ist ein Logo oft völlig überbewertet. Wir sind keine gesichtslosen Konzerne, die eine Identität brauchen. Wir sind ja selbst unser Produkt und verfügen bereits über ein Aussehen, das sich – am Rande bemerkt – nur geringfügig relaunchen[33] lässt.

RUTH: Ein gut gemachtes Logo kann zudem zwischen 500 – 10.000 Euro kosten – je nachdem, ob Sie eine verarmte Grafikerin oder eine Agentur beauftragen. Und dann müssen Sie auch Ihren eigenen Zeitaufwand einrechnen: für Briefing[34], Re-Briefing und Auswahl.

TANJA: Ich glaube nicht, dass ich aufgrund meines Logos bisher auch nur einen Coachingauftrag mehr oder weniger erhalten habe! Meine Logo wurde übrigens von einer sehr lieben Freundin erstellt, die Grafikerin ist:

---

33 Relaunch (engl. = Neustart), wird umgangssprachlich von Marketingmenschen auch für eine Erneuerung (im Aussehen) verwendet.

34 Briefing: In einem Briefing erklären Sie z. B. einer Werbeagentur oder einem Texter, was Sie von ihm erwarten, was das Ziel ist und welche Rahmenbedingungen es für den Auftrag gibt.

Sonst hätte ich gerade in der Anfangszeit schon aus Kostengründen darauf verzichtet.

Ruth: Bei deinem Logo bekomme ich noch mehr graue Haare. Prüfe es mal nach den oben genannten Grundsätzen ab, dann wirst du verstehen, warum es kein Logo ist ... Deine Freundin ist bestimmt eine gute Grafikerin, kreiert aber im Alltagsgeschäft garantiert keine Logos, sondern arbeitet in einem ganz anderen Bereich. Aber es ist o.k., du hast dich damit bisher wohlgefühlt und es hat dir nicht geschadet. Business-Coaches hingegen sollten darauf achten, dass alle gezeigten Kriterien beachtet werden.

Tanja: Warum wollte ich nur mit dir zusammen ein Buch schreiben? Aber im Ernst: Deine Worte tun mal wieder weh ... aber vermutlich deshalb, weil du recht hast. Zu meinen Klienten, wenn sie im Coachingprozess viel weinen müssen, sage ich immer: „Ich quäle nur für einen guten Zweck." Ich glaube, du quälst aus dem gleichen Grund. Aber ich behalte mein Labyrinth trotzdem! Außerdem steht in der Mitte ein „T" wie Tanja. Also hat es doch einen Bezug zu mir, auch wenn der vielleicht nicht auf den ersten, zweiten oder dritten Blick erkennbar ist ...

> **Unser Tipp:** Machen Sie es sich einfach – und bleiben Sie authentisch. Nehmen Sie einfach Ihren Namen in einer zu Ihnen passenden Schrift als Logo. Das kann natürlich auch Ihre eigene Schrift sein! Achten Sie dann unbedingt darauf, dass Ihr „Namens-Logo" sich optisch von Ihrer normalen Unterschrift (auf Ihren Bank-Karten z. B.) unterscheidet. Sonst haben Betrüger leichtes Spiel!

Das Unternehmenslogo ist nur ein Teil des sogenannten Corporate Design (der Corporate Identity – kurz CI). Auch Farben, gestalterische Grundsätze und Schriftarten (Typografie) müssen festgelegt werden, damit immer alles einheitlich ist. Brauchen Sie das? – Manche von Ihnen eher ja, manche aber auch eher nein. Wenn Sie hauptsächlich Privatkunden haben, ist ein Corporate Design nicht ganz so wichtig. Wollen Sie jedoch ausbilden, Unternehmenskunden annehmen, Führungskräfte coachen oder ein gutes Vorbild sein – dann sollten Sie sich auch damit auseinandersetzen.

Ruth: Ich bekomme ziemlich oft Visitenkarten von Coaches in die Hand gedrückt. Was ich dort immer wieder sehe – und wovor es mir wirklich graut –, sind mehr als drei Schriftarten auf einem winzigen Stück Papier. Das sieht unschön und unprofessionell aus. Zu so einem Coach würde ich nicht gehen!

Tanja: Ja, ich gebe dir recht – auch hier zahlt sich Professionalität aus. Im Übrigen habe ich festgestellt, dass ich mit einem professionellen Layout und festgelegten Schriften Zeit spare. Sonst würde ich jedes Mal wieder anfangen, eine neue Briefvorlage zu bauen oder das Logo doch noch weiter nach links zu schieben, weil es gerade dort so hübsch aussieht ... Und beim nächsten Mal hätte ich das Logo garantiert auf der anderen Seite. Gut aussehen tut das nicht – und die Zeit für solche „Grafikarbeiten" könnte ich besser nutzen ...

RUTH: ... zum Beispiel um zu coachen und Geld zu verdienen!

8.1.2 Marketing „Marke Eigenbau", Teil 2: Ich mache mir einen Flyer

„Ein Flyer ist doch keine hohe Kunst – den mache ich schnell selbst!" – Ja, das kann gut gehen ... wenn Sie das Marketing-Handwerk in Sachen Grafik und Text beherrschen – und das mindestens so gut wie Ihr Coaching-Handwerk!

RUTH: Hallo, Tausendsassa, bitte sofort bei uns melden!

TANJA: Für mich war der Flyer lange Zeit ein sehr gutes Marketingmittel und hat mir wirklich viele Klienten gebracht. Es gab nur einen Fehler: Am Anfang habe ich meine Flyer selbst erstellt (siehe „Beichte" im Kapitel 3). Und auch wenn ich in dieser Frage nicht ganz so unerfahren war wie die meisten Coaches, kann man das Ergebnis nicht gerade als sehr gelungen bezeichnen.

Gründe, weshalb es für Tanja mit dem Flyer-Eigenbau nicht geklappt hat, die vielleicht auch für Sie gelten können:

- Mein Flyer war aus dünnem, hellem Karton, der gerade noch für meinen Drucker passte. Diese selbst erstellten Ausdrucke waren übrigens viel teurer als gedacht!
- Diese Papierstärke wirkte nicht wirklich hochwertig und die Gestaltungsmöglichkeiten waren durch den hellen Hintergrund auch eingeschränkt.
- Der Blick von außen fehlte! Meine eigenen Texte über mich waren lange nicht so überzeugend wie diejenigen, die Ruth später über mich geschrieben hat. Außenstehende können einfach besser über uns schreiben, als wir das selbst je könnten.
- Für mich zu texten fiel mir wirklich schwer. Und es gibt so viel zu beachten: Die ersten Sätze müssen zu 100 % sitzen und den Leser richtig „einfangen". Es muss klar werden, was der Klient von mir hat und warum gerade ich gut für meine Klienten bin etc., etc. Und das Ganze muss auch noch so kurz wie möglich sein. Da hilft ein Werbetexter doch sehr!
- Die Qualität der Bilder war „Marke Eigendruck" und damit nicht wirklich vorteilhaft.
- Ich habe den Flyer selbst gefaltet – was weder Spaß machte noch gut aussah – zumal ich im Basteln gänzlich unbegabt bin.

Ruths Fazit: Ein Flyer kann Ihnen viele Kunden bringen. Vor allem, wenn dieser bei den richtigen Menschen ankommen und nicht in Ihren Regalen vergilbt. Aber wenn Sie einen Return on Investment erreichen wollen, wäre es hier deutlich schlauer, den Flyer von einem Profi machen zu lassen.

Denn auch hier gilt: **Von der Qualität des Werbemittels leiten die Klienten Ihre Qualität als Coach ab!** Und da ist ein selbst gedruckter Flyer nicht unbedingt die beste Arbeitsprobe, die Sie von sich abgeben können. Im Übrigen gilt das auch für Ihre Visitenkarte. Bloß nicht selber drucken, am besten noch mit diesen perforierten Rändern und ohne Schneidemaschine ...

Tanja: Also, so schlimm sahen meinen ersten gar nicht aus ... Aber im Vergleich zu den jetzigen ... Eigentlich kann man beide Versionen gar nicht miteinander vergleichen ... Ich zeige lieber nur die Neue:

Vorderseite

Rückseite

Besonders nervig fand ich bei der selbst gemachten Version die anstrengende Anpassung von PC und Drucker ... Es dauert doch länger als gedacht.

Ruth: Das kann man ja auch über günstige Online-Druckereien lösen. Da hat sich qualitativ viel getan und die Auswahl ist so groß, dass man auch gute Papiere und hochwertigen Karton bekommt. Allerdings sind Werbemittel, die man auf diesem Weg bestellt, nur sehr begrenzt gestaltbar.

Und wer diese Möglichkeit bereits genutzt hat, kennt vielleicht folgendes Phänomen: Sie schieben stundenlang im Online-Formular das Logo von links nach rechts. Und dann den Adressblock – und wenn Sie dann gerade alles haben, „schmiert" der Server ab .... Die Zeit für solche „Grafikarbeiten" könnten Sie besser nutzen – zum Beispiel um zu coachen und Geld zu verdienen!

Tanja: Ich weiß ja, wie du den letzten Satz meinst, Ruth. Aber gerade am Anfang, wenn man dabei ist, seine Werbemittel zu gestalten, hat man noch gar nicht so viele

Gelegenheiten, gegen Bezahlung zu coachen. Dafür machen wir das ganze Marketing ja …

RUTH: Verstanden, aber trotzdem könntet ihr Coaches eure Zeit wirklich besser nutzen. Zum Beispiel, um das XING-Profil zu vervollständigen oder interessante Kooperationspartner zu treffen …

TANJA: … denen ich dann noch nicht mal eine Visitenkarte am Ende des Treffens geben kann.

RUTH: Schon gut. Dann eben kein Treffen sondern lieber ein about.me-Profil anlegen.

8.1.2 Marketing „Marke Eigenbau", Teil 3: Ich bastle mir eine Homepage

Die technischen Möglichkeiten lassen das heute zu. Gute Baukastensysteme und ein Grundverständnis für die Codierung in HTML machen vieles möglich. Oft ist es auch so, dass sich jemand in Ihrer Umgebung findet, der „was mit Internet" macht.

TANJA: Überlegen Sie sich gut, ob Ihre Website bei so jemandem in guten Händen ist. Bedenken Sie, dass nicht jeder, der mit dem Computer umgehen kann, automatisch ein gutes „grafisches Auge" hat. Außerdem wissen Sie ja jetzt, wie wenig Zeit Sie haben, um jemanden mit Ihrer Homepage zu beeindrucken und ihn auf Ihrer Seite zu halten.

RUTH: Einige unserer Marketingklienten haben da wirklich schlechte Erfahrungen mit der Verwandtschaft oder dem Sohn des Nachbarn in der Rolle des Internetprofis gemacht. Ich rate dringend davon ab, sich bei Ihrem wichtigsten Marketingmittel überhaupt auf die Arbeit von Laien zu verlassen. Oft haben Sie einen gewissen Zeitdruck, aber der Sohn des Nachbarn kann vielleicht nur am Wochenende. Außerdem muss er für Klausuren lernen. Oder der erste Entwurf gefällt Ihnen überhaupt nicht: Wie sagen Sie das nett? Am Ende ist das für beide Parteien keine schöne Situation.

TANJA: Und die „Laienhandschrift" erkennt man am Ende doch: Wir haben noch nie eine selbst gebastelte Homepage gesehen, die so professionell wirkte, dass sie ein gutes Aushängeschild für die Coaching-Arbeit war.

Die meisten Coaches erkennen das auch und beauftragen – früher oder später – einen Webdesigner mit (der Überarbeitung) ihrer Homepage. Und das aus guten Gründen:

Gründe, einen professionellen Webdesigner zu beauftragen:

- Ein guter Webdesigner kennt nicht nur die Gestaltungsmöglichkeiten, sondern hat auch die Suchmaschinen-Optimierung mit im Blick.
- Außerdem weiß er auch, dass Sie wenig Zeit haben, Besucher auf Ihrer Homepage zu halten, und gestaltet die Seite gleich entsprechend ansprechend.
- Er kann grafisch Dinge umsetzen, von denen Sie nur träumen können. RUTH: Selbst gemachte Homepages sehen oft aus, als stammten sie aus den 1980er-Jahren – wenn es damals schon Websites gegeben hätte.
- Der Webdesigner weiß auch, was rechtlich zu beachten ist, wie z. B. das Impressum aussehen muss, und kann Ihnen dadurch teures Lehrgeld ersparen. TANJA: Derzeit gibt es viele Anwaltskanzleien, die gut von Abmahnungen leben ...
- Auch weiß ein Webdesigner, dass eine Navigation bestimmten Anforderungen entsprechen sollte und auch mal ohne Maus oder auf dem iPhone zu benutzen sein muss.

RUTH: Mit all diesen Punkten sollte ein guter Webdesigner sich auskennen. Und wenn nicht, dann seien Sie so mutig und wechseln Sie zu einem anderen.

TANJA: Zur Not können Sie sich mit Ihren Coaching-Methoden ja „Mut" als Ressource wieder bewusst machen. Wie das geht, wissen Sie ja! Aber Geld „ran-coachen" geht leider noch nicht so einfach und mir tut es immer sehr leid, wenn ich mitbekomme, dass Kollegen erst mal Geld für laienhaftes Webdesign ausgeben und dann trotzdem noch mal gut 1.500–2.500 Euro für echte Profis in die Hand nehmen müssen.

Aber Design und Technik allein machen noch keine Website, denn es fehlen immer noch Texte für die Seite, die der Designer nicht schreiben will oder kann. Kein Grund zur Verzweiflung, es gibt sie noch, die Texter ...

RUTH: Es gibt viele Coaches, die fangen selbst an, Texte zu schreiben. Aber die meisten kommen über Tage, Wochen und Monate nicht wirklich weiter. Außerdem müssen die Texte im Internet sehr knapp sein. Das Wesentliche auf den Punkt zu bringen fällt einem Außenstehenden viel leichter. Bevor Sie stundenlang vor einem leeren Blatt sitzen oder die Delete-Taste Schaden nimmt, können Sie die Zeit besser nutzen – zum Beispiel um zu coachen und Geld zu verdienen!

8.1.2 Marketing „Marke Eigenbau", Teil 4: Ich gestalte eine Anzeige

Interessante Idee! Leider haben wir (bisher) noch keinen Coach kennengelernt, der mit dieser Maßnahme die Kosten der Anzeige wieder reinbekommen hat. Warum nicht? Eine Anzeige ist ganz selten das Mittel der Wahl, um einen Coach zu suchen. Meist wird eher im Bekanntenkreis gefragt oder im Internet gesucht. Sie wollen es trotzdem wagen? Dann gibt es viele Gründe, weshalb gerade bei einer Anzeige ein echter Marketing-Profi ran muss:

Gründe für eine professionelle Anzeigengestaltung:

- In einer Anzeige haben Sie in der Regel nur sehr wenig Platz für Text. Es gibt kaum etwas Schwierigeres, als mit wenig Text eine durchschlagende Wirkung zu erzielen.
- Auch die Anzeige will gestaltet sein! Nur das Logo alleine bringt selten Klienten. Das haben übrigens sehr viele Anzeigenkunden noch nicht verstanden – auch solche, die keine Coaches sind.
- Sie müssen mit Bedacht die richtige Publikation auswählen. Wissen Sie genau, welche Zeitung oder welche Zeitschrift Ihre Zielgruppe liest?

> **Unser Fazit:** Wenn Sie unbedingt eine Anzeige schalten wollen, dann beauftragen Sie einen Profi. Machen Sie sich die Mühe und rechnen Sie sich vorher durch, wie viele Neukunden Sie benötigen, um die Kosten für diese Marketingmaßnahme wieder „reinzuholen".

TANJA: Gegen eine selbst gemachte Anzeige in einem kostenfreien Blättchen ist aber nichts einzuwenden.

RUTH: Das sehe ich komplett anders. Hier mag die Anzeigenschaltung nicht viel kosten und die schlechtere Qualität der Anzeige nicht weiter ins Auge fallen. Aber auch diese Anzeige steht für die Qualität der Coaching-Arbeit. Außerdem lesen diese regionalen Blättchen meist nur Rentner oder Leute mit zu viel Zeit.

TANJA: Das könnte ja auch eine lohnende Zielgruppe sein.

RUTH: Dann bedenke bitte, dass auch das Texten und Gestalten der Anzeige mitsamt allen organisatorischen Dingen wie Abgabeschluss einhalten, das richtige Dateiformat erstellen etc. sehr aufwendig ist. Die Zeit könnte man sicher besser nutzen.

TANJA: Klar, der Running-Gag: zum Beispiel um zu coachen und Geld zu verdienen.

8.1.2 Marketing „Marke Eigenbau", Teil 5: Ich entwerfe ein Mailing

Interessante Idee! Dafür brauchen Sie noch nicht einmal einen Grafiker!

RUTH: Dafür aber einen wirklich großartigen Werbetexter. Das Mailing ist für mich die Königsklasse der Kundengewinnung. Schwierig und teuer.

TANJA: Ich kenne noch keinen Coach, der mit dieser Maßnahme Kunden gewonnen hätte. Du etwa?

RUTH: Nun, das kommt darauf an, wie du Mailing definierst. Wenn du damit meinst, dass jemand 5000 Briefe via Infopost an diverse Privathaushalte verschickt – dann: Nein. Aber wenn mit Mailing ein Brief an eine ausgesuchte Kundengruppe gemeint ist, wie zum Beispiel an Leiter der Personalabteilungen, und wenn dieser Brief gezielt nur in den Postfächern von Unternehmen einer bestimmten Größenordnung (z. B. Mitarbeiterzahl, Umsatz) landet – dann gibt es positive Beispiele.

TANJA: Gut, im Privatkundenbereich würde ich eher versucht sein zu denken: „Der Coach hat es aber nötig, mit so was Werbung für sich zu machen. Der ist bestimmt nicht so gut, sonst müsste er ja nicht mit diesem Brief Kunden suchen."

RUTH: Veto! Ein richtig gut gemachtes Mailing kann beim Kunden schon einen Bedarf wecken, den der Kunde vielleicht erst später – oder schlimmer noch – vielleicht sogar nie gespürt hätte. Die Frage ist, ob unsere Leser auch so etwas hinkriegen.

TANJA: Unterschätze unsere Leser mal nicht. Ich bin ja nicht repräsentativ ☺.

Spezielle Hürden für Mailings:

■ Woher nehmen Sie die Adressen? Adressdatenbanken einkaufen ist teuer und das Telefonbuch abschreiben macht auch keinen Spaß.

■ Was sagt das Gesetz? Dürfen Sie den Kunden überhaupt anschreiben? Seit der Novelle des Bundesdatenschutzgesetzes (BDSG) im Jahr 2009 ist nicht abschließend geklärt, welche Auflagen sich für Mailings ergeben. Im Privatkundenbereich ist äußerste Vorsicht geboten!

Inhaltlich muss auch alles stimmen: Briefe ohne persönliche Anrede können Sie gleich in den Papierkorb werfen – oder lesen Sie Post, die sich „an alle, die einen Coach brauchen" richtet?

Ihr Text muss den Leser in den Bann ziehen, den (schmerzenden) Nerv treffen, das Angebot muss verlockend sein und am Ende muss der Klient gar nicht anders können, als bei Ihnen anzurufen oder zu buchen. Das ist ein extrem hoher Anspruch, für den Sie wenig Zeit haben.

RUTH: Professor Siegmund Vögele hat anhand einer Augenkamera Studien zu Blickverläufen bei Mailings gemacht. Im Jahr 2002[35] nahm der Leser sich noch 20 Sekunden Zeit, um die Botschaft wirken zu lassen. Da immer alles schneller wird, ist nicht auszuschließen, dass es heute noch einige Sekunden weniger sind.

TANJA: Die Informationsflut nimmt jeden Tag zu. Trotzdem bleibt das Mailing ja eine lange Zeit im Blickfeld des Betrachters – jedenfalls im direkten Vergleich zu Webseiten.

RUTH: Das stimmt und es gibt auch gute Tricks, wie z. B. mit Bildern zu arbeiten, um die Zeitspanne noch zu verlängern und den Leser quasi „festzutackern".

TANJA: Das alles setzt viele Kenntnisse voraus – und wenn ich mir das alles anlesen muss, kostet es mich wahnsinnig viel Zeit. Und dann kann ich es wahrscheinlich immer noch nicht so richtig. In der Zeit kann ich doch tatsächlich ...

RUTH: ... coachen und Geld verdienen!

8.1.3 Ersparen Sie sich den Eigenbau – fragen Sie einen Profi

Wenn Sie sich Notizen gemacht oder die Check-Boxen durchgearbeitet haben, dann werden Sie feststellen: Wenn Sie es richtig gut und vernünftig angehen wollen, dann benötigen Sie ziemlich viele Profis, die Sie unterstützen.

Ein Beispiel:

Für eine gute Homepage brauchen Sie Fotos – und dafür zuerst eine Visagistin und dann einen Fotografen. Sie brauchen eine Webdesignerin und einen Texter. Wo sollen Sie die hernehmen? Und woher wissen Sie, ob eine Grafikerin, die auf Print-Produkte spezialisiert ist, auch im Netz gute Arbeit leistet? Und kann der Texter Ihres Flyers auch wirklich onlinetaugliche Texte schreiben?

Das sind alles wichtige Fragen und die einfachste Antwort ist: Referenzen einholen, Ohren aufhalten und mit empfohlenen Dienstleistern ins Gespräch kommen.

TANJA: Eine Menge Arbeit. Außerdem finde ich es sehr stressig, alles koordinieren zu müssen. Brauche ich erst die Texte und dann den Webdesigner? Kann der nicht loslegen bevor er die Fotos hat?

---

35 Quelle: Siegfried Vögele: Dialogmethode: Das Verkaufsgespräch per Brief und Antwortkarte, 2002 (12. Auflage).

RUTH: Für all diese Arbeiten inklusive Koordination gibt es Werbeagenturen. Und zwar nicht nur große, wie z. B. *Jung von Matt,* sondern es gibt auch vor Ort kleine, feine Werbeschmieden oder Freiberufler mit guten Teams, die wirklich etwas können. An dieser Stelle möchte ich gerne eine Lanze für diese Profis brechen. Sie haben den Ruf, teuer und überheblich zu sein und nur auf Koks gut zu arbeiten – aber das sind Vorurteile. Das ist, als würde man über euch Coaches sagen: „Ihr doktert doch nur an den eigenen Problemen herum." Die von uns gerne genutzte Agentur beweist klar das Gegenteil! Mit Michael Bischof von der Agentur *Gipfelgold* aus Bonn habe ich mich darüber unterhalten, wie man die richtige Werbeagentur findet und wie die Zusammenarbeit aussehen kann.

Wie läuft die Zusammenarbeit mit einer Werbeagentur?

MICHAEL BISCHOF: Unsere Erfahrung ist: Diejenigen, die alles machen, machen oft nichts richtig. Deshalb stellen wir für jede Aufgabe ein individuelles Team zusammen. Bei *Gipfelgold* arbeiten Grafiker, Texter, Webdesigner, Programmierer, Veranstaltungsprofis und PR-Fachleute. Aber keine Sorge: Ein zentraler Ansprechpartner, je nach Agentur wird er Kontakter oder Kundenberater genannt, behält alle Fäden in der Hand und den Überblick. Das heißt, mit dem, was bei uns im Hintergrund alles passiert, muss sich kein Kunde belasten. Das spart Zeit und Nerven. Und das Ergebnis stimmt trotzdem. Oder gerade deshalb.

RUTH: Und wie findet man die passende Agentur?

MICHAEL BISCHOF: Eine einfache Formel ist: Referenzen + Arbeitsweise + Bauchgefühl. Wie gefallen Ihnen die Arbeiten der Agentur für andere Kunden? Überzeugt Sie das Prinzip, nach dem da gearbeitet wird – z. B. hoch kreativ, marketingorientiert oder Hauptsache ordentlich? Unser Prinzip bei *Gipfelgold* ist z. B., nichts einfach nur zu überpinseln und schön bunt anzumalen, sondern die Kommunikation aus dem Unternehmenskern heraus zu entwickeln. Glaubwürdig, faszinierend und deshalb überzeugend. Bleibt noch das Bauchgefühl ... Und das spricht ja meistens für sich selbst.

RUTH: Das Bauchgefühl wird oft schwer unterschätzt. Dafür brauche ich oft eine aussagekräftige Homepage. Eure ist dafür ein schönes Beispiel: Da habe ich direkt das Gefühl: Kreativ, mit Humor und persönlich – hier ist mein Anruf schon mal willkommen:

Startseite der Agentur Gipfelgold – ↗ http://www.gipfelgold.de

Tanja: Die Vorteile einer Agentur sind also auch klar: Alles aus einer Hand, nur ein Ansprechpartner und alles sieht hinterher aus wie aus einem Guss.

Ruth: Genau – und dann hast du wirklich Profis! Denn Print-Design ist tatsächlich nicht Web-Design und man entkommt auch direkt einer weiteren Gefahr. Wer einen Texter sucht, wird Hunderte von „Schreiberlingen" im Netz finden: Journalisten, PRler, Werbetexter und viele davon werden einfach „hier!" schreien, wenn es etwas zu texten gibt. Dabei hat ein Journalist in der Regel eine ganz andere Ausbildung und eine ganz andere „Schreibe" als ein Werbetexter und er hat z. B. keine Ahnung davon, welche Rolle Blickverläufe für Werbemittel spielen ...

Tanja: Nicht umsonst gibt es also Werbeagenturen, die für jede Aufgabe einen Profi haben. Diese arbeiten Hand in Hand an Ihrem Auftrag. Damit Sie auch genau das bekommen was Sie haben wollen, müssen Sie Ihre Wünsche an die Agentur ganz genau beschreiben und im Verlauf des Auftrages immer wieder präzisieren.

Ruth: „Briefing" heißt diese Auftragsklärung und meint wirklich, dass Sie detailliert festhalten, was Sie von der Agentur erwarten und welche Vorstellungen Sie haben. Dieses Briefing nutzt aber nicht nur der Agentur, auch Sie werden damit gezwungen, klar zu Papier zu bringen wo die Reise hingehen soll.

Tanja: Das ist ja analog zu unserem Vorgespräch im Coaching. Wobei das Briefing eher die genaue „Auftragsklärung" ist. Ruth verrät uns netterweise ihre sonst so streng geheime Briefing-Vorlage:

Briefing zu einem Werbemittel wie Flyer oder Postkarte

Was soll die Agentur für Sie tun?
Definieren Sie hier die Aufgabe der Agentur.
Zum Beispiel: Sie brauchen einen Flyer für alle Altkunden, zum Auslegen in der Praxis, um bekannt zu machen, dass Sie Klienten jetzt auch beibringen können, Emotionen zu lesen.

Zielgruppe:
Wie sieht Ihre Zielgruppe aus und was macht sie aus?
Zum Beispiel: Bestandskunden der Coaching-Praxis, männlich, zwischen 30 und 55, Sandwichmanager mit einem Hang zum Burnout und schlechtem Zeitmanagement. Fast alle sind verheiratet, begeisterte Krimileser und frankophil.

Ruth: Lachen Sie nicht, auch dieser Aspekt ist sehr wichtig für die Ansprache der Kunden!

Kundennutzen:
Was hat der Kunde davon?
Zum Beispiel: Der Kunde kann ohne großen Aufwand lernen, besser zu verstehen, was in anderen vorgeht. Dadurch hat er einen günstigeren Stand bei Verhandlungen, führt leichter Mitarbeitergespräche – und das Wissen ist natürlich auch im Privatleben nützlich.

Reason-to-believe:
Warum soll der Kunde das glauben?
Zum Beispiel: Oft reicht schon eine Stunde Training aus, um die sieben Basisemotionen (bekannt aus der populären Fernseh-Serie „Lie to me") kennenzulernen und Fähigkeiten im Umgang mit diesen Emotionen deutlich zu steigern – spürbar und messbar.

Sonstige Vorgaben:
Was soll die Agentur sonst noch beachten?
Zum Beispiel: Ihr Design (CI) beachten, es darf nicht mehr als 1.000 Euro kosten, Sie brauchen 2000 Stück und das Werbemittel muss (wie immer) gestern fertig sein.

Tanja: Ich weiß, dass so eine Agentur wirklich mehr Geld kostet, als wenn man selbst seine Werbemittel erstellt. Bitte glauben Sie mir: Es lohnt sich. Lieber nur ein gutes Werbemittel vom Profi als vier selbstgemachte. Hier habe ich selbst viel unnötiges Lehrgeld bezahlt. Aber mit den folgenden Tipps konnte ich zum Glück wieder etwas Geld einsparen:

8.1.4 Geldspar-Tipps

1. Für Anfänger: Sparen Sie sich die Festnetzrufnummer

Um als Coach als seriös wahrgenommen zu werden, ist es für viele Kunden wichtig, dass sie eine Festnetzrufnummer in allen Werbemitteln finden. Diese Nummer signalisiert unbewusst Beständigkeit und Ihr Kunde bekommt so ein Gefühl von Sicherheit. Sie sind dann ja „sesshaft" und er kann Sie vermeintlich „jederzeit" an einem bestimmten Ort antreffen. Sie können diese Form der Sicherheit anbieten und gleichzeitig jeden Monat Ihre Fixkosten minimieren: Viele Mobilfunkfirmen bieten nämlich gegen ein geringes Entgelt auch eine Festnummer zum Handy an.

TANJA: In meinem Vertrag heißt diese Funktion „Home" und kostet mich eine Handvoll Euro im Monat. Witzig ist, wenn die Kunden zweimal hintereinander auf meine Mobilbox sprechen, weil sie ja glauben, mich einmal über Festnetz und dann über die Handynummer anzurufen.

2. Sparen Sie sich teure Autowerbung

Sie stehen im Stau und ärgern sich, dass Sie mal wieder nichts zu lesen dabeihaben? Suchend irrt Ihr Auge über die Autos vor und neben Ihnen. Und da sehen Sie es schon: Ihr ideales Werbemittel – Autowerbung! Diese Idee ist gut, hat aber zwei Haken:

1. Diese Form der Werbung ist relativ teuer. Vielleicht ist für Ihren Start in die Selbstständigkeit sogar ein neues Auto nötig. Das allein ist schon teuer. Hinzu kämen dann auch noch die hohen Zusatzkosten für Ihre Auto-Werbung.
2. Auch in Ihrer Freizeit müssen Sie dauernd mit der Werbung rumfahren ...

RUTH: Bei der Autowerbung hat sich in letzter Zeit viel getan. Die Folien müssen heute nicht mehr zwangsläufig nur aus Adressangaben und Logo bestehen. Es gibt wirklich tolle kreative Lösungen, die sehen aus wie gesprayt oder gemalt, ziemlich genial – und sind auch nicht teurer als die konventionellen Lösungen.

TANJA: Ich habe noch zwei ganz andere Ideen, die viel günstiger sind. Für knapp 20 Euro können Sie ein Magnetschild mit Ihrer Werbung bedrucken lassen. Dieses Schild können Sie ganz leicht bei Bedarf an Ihr Auto anbringen oder wieder runternehmen, wenn zum Beispiel Ihre Mutter das Auto sich kurz ausleiht und deren Fahrstil keine gute Visitenkarte für Sie wäre ... **Tipp:** Testen Sie vorher – nein, das ist kein Witz –, ob Ihr Auto auch wirklich an der gewünschten Werbe-Stelle aus Metall besteht.

Und dann noch eine andere Idee: Für ca. 10 Euro können Sie eine Sonnenschutzblende mit Ihrer Werbung bedrucken lassen. Auch dieses Werbemittel können Sie ganz individuell einsetzen.

3. Ego-Marketingmittel ... müssen nicht unbedingt sein

TANJA: Ach ja, es gibt so wunderschöne Werbemittel, von denen ich nachts träume. Ich hätte so gerne gedruckte Blöcke mit meinem Logo, Kuverts, Stifte oder Tassen. Warum nicht auch Regenschirme? Und dann kommt mir immer wieder eine Frage in den Sinn: Bringen mir all diese Werbemittel einen Kunden (mehr)? Sind diese Werbemittel nur für mein Ego oder sind es wirklich ernst zu nehmende Marketingausgaben? Dann wache ich auf und verzichte mit leicht griesgrämigem Blick auf all die schönen Sachen und trinke halt weiterhin aus meiner Porzellantasse mit dem Kakadu drauf.

RUTH: Also, ich träume von ganz anderen Dingen ... Trotzdem gibt es natürlich Coaches, die sich solche Marketingmittel gönnen, und gerade im Business-Bereich kommt man mittels Stift („Oh, wingwave-Akademie, wann warst du denn da und wie war es?") recht einfach ins Gespräch. Aber dennoch sind diese Werbemittel nur dann sinnvoll, wenn sie finanziell ganz bestimmt nicht mehr wehtun und die Steuer nach mehr Ausgaben verlangt.

TANJA: Liebe Leserin, lieber Leser, erst mal vielen Dank, dass Sie bis zu diesem Kapitel vorgedrungen sind! Vielleicht haben Sie schon jetzt in unserem Buch einen guten Tipp gefunden, der Ihnen so sehr weiterhilft, dass Sie das Gefühl haben, uns danken zu wollen. Natürlich ist das nicht nötig! Aber falls Sie trotzdem Lust dazu haben, freuen wir uns sehr über von Ihnen gestaltete oder passend gefundene Tassen! Unsere Postadresse finden Sie auf unserer Website.

8.2 Was Sie Ihren Kunden ersparen sollten

Manchmal ist weniger mehr – das gilt nicht nur in Bezug auf Werbemittel, sondern auch für ganz andere Dinge:

RUTH: Ich spiele hier auf eine liebenswerte Eigenart von vielen Coaches an. Wie sagt Tanja immer so schön:

> *„Lieber lässt sich ein Coach den linken Arm abnehmen*
> *als seine Zitate von der Website."*

8.2.1 Der Zitate-Wahnsinn

Es gibt kaum Internetseiten oder Flyer, auf denen ein Coach nicht jemanden zitiert, der vermeintlich schlauer ist als er selbst. Oft gehen diese „zitierten Zitate" auf Kosten der eigentlichen Botschaft. Wir haben schon Seiten gesehen, bei denen der Kunde erst mal runterscrollen musste, bevor er das eigentliche Angebot des Coaches finden konnte.

TANJA: Wobei ich an dieser Stelle gerne sagen möchte: Scrollen ist völlig o.k. Da gab es früher Vorurteile, die mittlerweile von Usability-Experten selbst entkräftet wurden. Kritisch ist es nur, wenn man scrollen muss, um überhaupt erst einmal etwas Relevantes lesen zu können. Seien wir mal ehrlich: Ist es nicht oft so, dass wir selbst an unseren Zitaten hängen, unsere Kunden an dieser Stelle jedoch keine Weisheit von Konfuzius suchen, sondern Informationen über unsere Kernkompetenz als Coach?

RUTH: Hier passt der Satz: „Der Wurm muss dem Fisch schmecken, nicht dem Angler". Und in diesem Fall ist der Wurm (= die Kundenansprache) nun mal für Ihren potenziellen Klienten gedacht. Ja, wir haben ganz bewusst mit unserer Empfehlung gebrochen, um Ihnen augenzwinkernd zu sagen: „Nur wer die Regeln kennt, darf diese auch brechen."

TANJA: Und für unser Buch sind Sie ja der Fisch. Und *Sie* mögen ja Zitate (= Wurm), lieber zumindest als Ihre Kunden. Aus Marketing-Sicht empfehlen wir Ihnen jedoch, die Zitate zu entfernen oder sich selbst zu zitieren. Eigene Statements sind etwas anderes und zeigen Ihren Kunden, dass auch Sie etwas Sinnvolles zu sagen haben. Wenn Sie sich gar nicht davon trennen können, dann geben Sie den Zitaten zumindest weniger (prominenten) Raum in Ihren Werbemitteln, zum Beispiel am Ende der Internetseite statt ganz oben.

RUTH: Haben Sie selber nichts zu sagen? Überhaupt finde ich das schon merkwürdig, wer da so alles zitiert wird. Wenn im Coaching-Kontext Mao oder Churchill zitiert werden, finde ich das ein wenig fragwürdig …

Tanja: Ich gebe es ja zu: Ich hänge auch an diesen Weisheiten und habe meine „gesammelten Werke" unter dem Navigationspunkt „Wissenswert" platziert. Als Rampensau habe ich natürlich daraus auch eine Marketingidee generiert und meine Leser gleich aufgefordert, mir ihre Lieblingszitate zu verraten. Was auch schon passiert ist! Also finden Sie die für sich passende Lösung – mit der Sie sich authentisch und wohl fühlen.

Ruth: Ommmmm. – Das war ein Zitat.

Tanja: Für mich eher eine gute Überleitung zum nächsten Kapitel:

8.2.2 Ersparen Sie Ihren Kunden den Achtsamkeits- und Werte-Wahn

Genauso kritisch wie Zitate sehen wir die vielen Seiten, die sich mit dem Werte-Kanon des Coaches beschäftigen.

Ruth: Manchmal habe ich das Gefühl, da seid ihr Coaches viel zu sehr mit euch beschäftigt. Das wirkt auf viele Interessenten selbstverliebt und suggeriert, dass alle anderen „Dienstleister" generell unachtsam mit ihren Kunden umgehen.

Tanja: Du gehst aber hart mit uns ins Gericht. Aber ich weiß schon, was du meinst. Allein das Wort Achtsamkeit kann man so oft lesen, dass einem ganz schwindlig wird.

Ruth: Ich würde mir einfach mehr Taten als Worte wünschen. Ich stelle mir gerade vor, jeder Arzt würde auf seiner Website ausführlich darauf hinweisen, dass er die Schweigepflicht wahrt und das Beste tut, um passende Behandlungsmethoden und Medikamente auszusuchen.

Tanja: Aus meiner Sicht ist ein achtsamer Umfang mit sich selbst, der Welt und natürlich mit dem Klienten sehr wichtig. Auch wenn ich das nicht immer 24 Stunden am Tag, 365 Tage im Jahr schaffe.

Ruth: Achtsam zu sein gelingt meistens genau den Menschen, die darüber keine großen Worte verlieren. Ich nenne nur zwei Beispiele: „... den Gesprächspartner als wertvollen Menschen zu achten und dessen Würde zu respektieren." Hallo, die Menschenrechte gelten auch im Coaching – wer hätte das gedacht? Und dann „reagiere ich einfühlend". Großartig! Solche Sätze finde ich gleich in mehrfacher Hinsicht unglücklich.

Tanja: Bei den Aussagen auf der Internetseite gilt hier dasselbe wie bei einer Bewerbung: Der Leser muss implizit verstehen, dass Sie achtsam mit ihm umgehen. Und so können Sie Ihre Achtsamkeit auch durch eine sorgfältig erstellte Internetseite oder durch eine besonders passende Text- und Bildauswahl unter Beweis stellen.

RUTH: Vielleicht kommt die Achtsamkeit auch bei den Referenzen auf Ihrer Internetseite durch die Kunden selbst zur Sprache. So wirkt es eindeutig glaubwürdiger, als wenn Sie das selbst sagen würden.

TANJA: Ein Beispiel aus dem Leben meiner Mutter kann dies noch plastischer zeigen. Ein Mann wollte sich bei ihr interessant machen und sagte zu ihr „Ich bin fei[36] intellektuell". Wenn man das erst sagen muss, kann es damit nicht weit her sein.

RUTH: Nehmen Sie unsere Kritik einfach als Anregung. Übrigens: Ich mag die wertschätzende Arbeit mit Coaches total. Sie ist mit ein Grund, warum mir die Arbeit so viel Spaß macht.

TANJA: Ich habe ja bei Dirk Eilert gelernt, die „Mikromuster" im Gesicht zu lesen, und kann Ihnen bestätigen: Ruth sagt die Wahrheit.

Es folgt jetzt eine kleine Zusammenfassung aller bisher behandelten Dinge, die Sie sich und Ihren Kunden ersparen können.

Check-Box: Was Sie sich und Ihren Kunden ersparen können

○	Streichen Sie die Investition für ein Firmenlogo, wenn Sie das nicht unbedingt wollen oder wenn Sie keine bezahlbare Möglichkeit der Umsetzung haben.
○	Ersetzen Sie Ihre selbst gestrickten Flyer durch einen professionellen.
○	Ersparen Sie sich eine unprofessionell gemachte Homepage.
○	Streichen Sie selbst gestaltete Anzeigen von Ihrem Marketingplan.
○	Streichen Sie selbst getextete Mailings von Ihrem Marketingplan.
○	Sparen Sie sich eine eigene Festnetzrufnummer für Ihr Büro.
○	Sparen Sie sich teure Autowerbung.
○	Verzichten Sie auf Werbemittel, die nur Ihr Ego befriedigen.
○	Streichen Sie Zitate anderer Menschen aus Ihren Werbemitteln.
○	Verzichten Sie auf unnötige Achtsamkeits- und Wertefloskeln.

---

36 „Fei" ist ein fränkisches Füllwort; in diesem Beispiel für „wirklich".

8.3 Die Minimal-Lösung für Ihr authentisches Marketing

In diesem Kapitel haben wir Ihnen bereits mehrmals vom Marketing „Marke Eigenbau" abgeraten. Aber Profis kosten Geld – und wer soll gerade am Anfang das alles bezahlen? In unseren Marketingvorträgen und Seminaren kommt spätestens an diesem Punkt die Frage: „Sagt mal, wenn ich jetzt nur das Allernötigste machen würde, um Kunden zu finden: Welche Werbemittel würdet ihr mir denn dann empfehlen?" Hier ist unsere Antwort:

Die Minimal-Lösung für alle, die keine Lust oder zu wenig Geld für ein breit gefächertes, professionelles Marketing haben:

Priorität A hat für uns ein **Internetauftritt**. Nachdem immer mehr Kunden auf diesem Wege ihren Coach suchen, müssen Sie im Netz auffindbar sein. Hier lohnt es sich aus unserer Sicht am ehesten, Geld für Profis in die Hand zu nehmen. Sollten Sie gar kein Geld ausgeben wollen oder können, tut es zur Not auch ein selbst gemachter Internetauftritt mit einem professionellen Fertiglayout. Viele Anbieter wie z. B. 1&1 stellen Baukastensysteme hierfür kostenfrei zur Verfügung. Wenn Sie dann noch die Tipps aus Kapitel 7 beachten, sind Sie gut aufgestellt.

RUTH: Im Zusammenhang mit dem Internetauftritt haben Sie automatisch einen weiteren wichtigen Punkt auf der Liste – und der ist jeden Cent wert: ansprechende Fotos. Wie oft hören wir, dass mit neuen Bildern plötzlich alles leichter war.

Priorität B haben für uns Visitenkarten. Lassen Sie sich bitte von einem guten Designer druckfertige Dateien erstellen. Bilddateien in womöglich nicht genügend hoher Auflösung – bereitet niemandem Freude. Eine druckoptimierte PDF-Datei jedoch können Sie problemlos an jede Druckerei weitergeben.

TANJA: Wichtig: Beide Werbemittel – Visitenkarte und Website – sollten ein einheitliches Layout haben.

Wenn die ersten Kunden Sie gefunden und bezahlt haben, können Sie immer noch weiter in Ihr Marketing investieren und damit für noch mehr Umsatz sorgen. Im nächsten Kapitel zeigen wir Ihnen, wie Sie mit wenig Geld, eigener Arbeitsleistung und etwas Fantasie direkt auf „Kundenfang" gehen können. Vielleicht inspiriert Sie ja das ein oder andere.

8.4 Clevere Marketingideen für jedermann

Bevor wir Sie mit völlig unorthodoxen Marketingideen „überfallen", offenbaren wir Ihnen noch einige ganz normale Ideen aus unserer ganz persönlichen Praxis. Einige davon haben wir bereits im Kapitel 7.1.2 unter dem Stichwort Kundenbindung kurz angesprochen. Hier zeigen wir sie Ihnen im Detail, sodass Sie sie mit geringem Aufwand direkt für Ihr eigenes Marketing übernehmen können.

8.4.1 Der „Coaching-Starter-Brief"

TANJA: Gerade der Beginn eines Coachingprozesses ist sehr wichtig. Zwischen dem ersten Anruf und dem Termin für das erste Vorgespräch liegen bei mir oft Wochen, zum Teil zwei bis drei Monate. Ich biete meiner zukünftigen Klientin die Möglichkeit, in der Zwischenzeit schon etwas für sich zu tun; ob sie das Angebot annimmt, liegt bei ihr. Die Anregung zu dem folgenden Brief erhielt ich in Manfred Priors Buch: „Beratung und Therapie optimal vorbereiten: Informationen und Interventionen vor dem ersten Gespräch". In diesem Buch finden Sie so einige spannende Vorlagen und Anregungen. Ich verrate Ihnen an dieser Stelle meinen ganz persönlich genutzten „Coaching-Starter-Brief":

Sehr geehrte Frau XY,

vielen Dank für Ihr Interesse und das nette Gespräch am Telefon. Ich freue mich schon sehr darauf, Sie in Kürze persönlich kennenzulernen. Wie besprochen gebe ich Ihnen auf diesem Wege ein paar Vorabinformationen für unser erstes Gespräch weiter:

Was Sie von mir erwarten können und wie ich über Coaching denke:
Am Anfang des Coachings kenne ich Sie nicht. Ich kenne nicht genau die Situation, in der Sie leben und arbeiten, ich kenne nicht Ihre Familienangehörigen, nicht Ihren Erfahrungshintergrund, nicht Ihre Ihnen wichtigen Werte und nicht Ihre Ziele. Sie werden darin immer die Expertin sein und bleiben. Ich habe allerdings gelernt, sehr schnell die Welt mit den Augen eines anderen zu sehen, mich in unterschiedlichste Probleme einzufühlen und sie zu verstehen. Darüber hinaus bin ich darin geschult zu berücksichtigen, wie Verwandte und Freunde mit den Problemen meiner Klienten umgehen. Zu Beginn bin ich vor allem eine Frageexpertin. Ich habe gelernt, Menschen mit Problemen so zu fragen, dass wir beide klüger werden.

Systemisches Coaching hat für mich sehr viel zu tun mit dem Finden, Weiterentwickeln und Ausbauen nicht bewusster Stärken.
Ich habe einen scharfen Blick und ein gutes Gefühl für Stärken, die Sie an sich möglicherweise noch nicht wahrgenommen und deren Potenziale Sie noch nicht voll ausgeschöpft haben. Ich bin Expertin für die Freisetzung Ihrer unbewussten Möglichkeiten und Ressourcen. Faszinie-

rend finde ich die früher oder später deutlich werdenden Fähigkeiten meiner Klienten, zunächst unlösbar Erscheinendes doch irgendwie hinzukriegen und das Unmögliche möglich zu machen.

Ich bin außerdem eine Expertin für neue Perspektiven. Ich bekomme häufig die Rückmeldung: „Ja, so habe ich das noch gar nicht gesehen ... Das ist ja völlig neu für mich." Und ich bin Expertin darin, mit Ihnen so zu sprechen, dass Sie neue Möglichkeiten und Wege entdecken, die Ihnen bisher nicht zugänglich waren. Nicht zuletzt freue ich mich immer über Humor. Ich halte Humor für eine der großartigsten Möglichkeiten, mit schwierigen Situationen umzugehen.

Zusätzlich zu dem, was ich Ihrer Meinung nach wissen muss, sind mir im ersten Gespräch vor allem Ihre Antworten auf die folgenden Fragen wichtig:

Was wollen Sie erreichen? Welches sind Ihre Ziele für unsere gemeinsame Arbeit? Ich möchte Ihre Lebenssituation kennenlernen und mir vor allem ein genaues Bild von Ihren Zielen für unsere gemeinsame Arbeit machen können. Sie können mir gerne alles Wissenswerte vorab zumailen oder zum Termin einfach mitbringen. Sie können aber auch ganz ohne Vorbereitung kommen. Ganz, wie Sie wollen.

Was haben Sie schon alles getan, um Ihr Ziel zu erreichen und / oder das Problem zu lösen? Und mit welchem Erfolg?
Dies interessiert mich, weil ich aus Ihren Antworten erkennen kann, was Sie an Erfahrungen gesammelt haben, wie Sie das Problem vielleicht schon bessern konnten. Vielleicht haben Sie auch etwas getan, um eine Besserung zu erzielen und es ist eher eine Verschlechterung dabei herausgekommen. Auch dafür interessiere ich mich, weil ich mit Ihnen solche „Verschlimmbesserungen" künftig vermeiden möchte.

Welche positiven Veränderungen hat es möglicherweise bis zu unserem ersten Gespräch gegeben?
Viele Menschen haben die Erfahrung gemacht, dass sie sich mit Schmerzen beim Zahnarzt anmelden und dann beim Zahnarzt keine oder kaum mehr Schmerzen haben. Auch für die psychologische Beratung gibt es hierzu wissenschaftliche Untersuchungen, die zu folgenden Ergebnissen gekommen sind: Über 70 Prozent aller derjenigen, die einen Beratungstermin ausgemacht haben, gaben beim ersten Termin an, dass ihr Problem sich jetzt etwas anders – und zwar gebessert – darstellt. Ich möchte Sie deshalb bitten, genau darauf zu achten, welche positiven Veränderungen Ihnen bis zu unserem Gespräch auffallen.

Häufig gestellte Frage vor dem ersten Gespräch: Wie kann ich zahlen?
Sie erhalten nach dem Vorgespräch eine Rechnung mit Angabe meiner Bankverbindung. Sie können aber auch gerne in bar bezahlen und erhalten dann eine Quittung. Falls Sie „nur" das Vorgespräch wahrnehmen, sind dies 100 Euro. Wir können aber auch gerne wie geplant gleich „loslegen". Für die 90-minütige Coachingsitzung und das 60-minütige Vorgespräch beläuft sich der Betrag dann insgesamt auf 325 Euro[37].

---

37   Alle genannten Preise: Stand März 2012.

Falls Sie sich nach dem unverbindlichen Vorgespräch für einen Coachingprozess bei mir entscheiden, erfahre ich einiges über Ihr Leben. Da ist es meines Erachtens angebracht, wenn auch Sie etwas über mich erfahren:

Ich bin 1974 in Würzburg geboren. Seit 1990 arbeite ich bei der Deutschen Telekom. Hier konnte ich in fast allen Konzernbereichen spannende Erfahrungen sammeln. Zum Beispiel habe ich in den Bereichen Marketing, Vertrieb, Service, Finanzen, IT-Bereich, Strategie und Internationales gearbeitet. Auch als Projektleiterin habe ich wichtige Vorstandsprojekte im Bereich Kommunikation erfolgreich geleitet.

Seit 2006 bin ich glückliche Mutter einer bezaubernden Tochter und erfreue mich noch an zwei wunderbaren „Patchwork-Kindern" im Alter von zwölf und 14 Jahren. Ich habe ganz bewusst die Schwangerschaft und die Erziehungszeit für meine Ausbildung zum systemischen Coach genutzt. Diese Aufgabe macht mir viel Freude. Vor allem die positiven Rückmeldungen meiner Klienten zeigen mir, dass meine Unterstützung viel bewirken kann.

In meiner Freizeit lese ich sehr gerne. Früher habe ich dabei immer etwas Schokolade dazu genascht. Seitdem ich selbst mit wingwave gecoacht wurde, bin ich dieses süße Laster zu meiner eigenen Verwunderung jedoch fast ganz los ☺. Am besten entspannen kann ich mich, wenn ich gemeinsam mit meiner Tochter lache oder beim Meditieren. Viel Kraft schöpfe ich aus der Beziehung zu meinen Mann und aus unserem Hobby – dem Standardtanzen.

Ich freue mich schon sehr darauf, Sie und Ihr Anliegen am XX, dem XX um XX Uhr näher kennenzulernen. Sie finden mich in der Athener Straße 1 in 53117 Bonn. (Bitte nicht wundern: Nach über vier Jahren in einer Praxisgemeinschaft mit Dr. Strauven arbeite ich ab sofort in einer neuen Umgebung, in der sich meine Klienten und ich noch wohler fühlen als vorher: in meinem Wohn- bzw. Arbeitszimmer).

Kostenfreie Parkplätze finden Sie direkt vor dem Haus am Seitenstreifen. Falls Sie mit öffentlichen Verkehrsmitteln kommen, führt Sie Straßenbahnlinie 61 mit der Haltestelle „Pariser Straße" am besten zum Ziel.

Eine kleine Bitte hätte ich noch an Sie: Könnten Sie mir für meine Unterlagen Ihre Adresse und Mobilfunknummer verraten? Das wäre sehr nett.

Sollten Sie vorher noch Fragen haben, rufen Sie gerne jederzeit an!

Herzliche Grüße

Tanja Klein
Systemischer Coach

Firma KleinCoaching
Tel.:   0228 / 243 90 667
Mobil: 0151 / 52 51 15 59
E-Mail: mail@kleincoaching.de
Web: ↗ http://www.KleinCoaching.de
Skype: CoachingBonn
Twitter: CoachingBonn
YouTube: ↗ http://www.YouTube.com/watch?v=jR77SeMSqLg

Der Blog zum Buch: ↗ http://www.CoachYourMarketing.de

TANJA: Dieser Brief hat für meine Klienten und mich als Coach mehrere Vorteile:

- Der Klient hat das Gefühl, mehr über mich und die Rahmenbedingungen zu erfahren. Das nimmt ihm etwas die Angst vor dem Unbekannten.
- Der Klient kann die Zeit bis zum ersten Termin für sich nutzen und oft hat er – zu Recht – das Gefühl, dass sich schon etwas tut.
- Der Klient kann sich bei guter Vorbereitung oft eine ganze Sitzung – und damit viel Zeit und Geld ersparen.
- Der Klient hat bei mir schon vor dem Termin noch mal schwarz auf weiß die Preise, den genauen Termin und die Uhrzeit. Das sorgt für mehr Klarheit und tendenziell für ein pünktliches Kommen.
- Der Klient hat das Gefühl, schon etwas an Leistung erhalten zu haben, und sagt nicht so leicht (bei z. B. Angstgefühlen) den Termin ab.
- Ich habe im Vorfeld alle Kundendaten für mein Buchhaltungssystem und kann die Rechnung gut vorbereiten.
- Durch die freiwillige Weitergabe meiner persönlichen Verhältnisse kommen keine männlichen Kunden, um mich „anzubaggern".
- Anhand meiner Schokoladen-wingwave-Geschichte sehen die Klienten gleich, dass ich diese Methode auch für mich selbst nutze. Außerdem zeigt es, für welche Bandbreite wingwave einsetzbar ist. Natürlich fragen aufgrund meiner persönlichen Erfahrung viele Kunden nach, ob denn Coaching auch beim Abnehmen oder anderen Themen unterstützen kann. Das ist „Cross-Selling"[38] der einfachsten und dabei authentischsten Art.

Falls auch Sie diesen Brief einsetzen wollen, müssen Sie diesen selbstverständlich auf sich anpassen. Ich verändere für jeden Kunden diesen Brief auch ein wenig.

8.4.2 Der Dankesbrief

RUTH: Ein wunderbares Mittel, um sich bei Klienten zu bedanken, ist der Dankesbrief. Ja, ein Brief, ganz konventionell mit der Post verschickt. Und der Klient wird feststellen, es ist gar keine Rechnung, sondern einfach ein „Danke!".

TANJA: Und das soll ich jedem schicken, der einmal zum Coachen bei mir war?

RUTH: Das könntest du. Du kannst es aber auch nur dann tun, wenn der Klient deine Arbeit längere Zeit benötigt hat, oder – und dafür eignet es sich ganz hervorragend – für Ansprechpartner, die deine Rechnung zahlen, die aber nicht selbst im Coaching

---

38 Hier ist es der Verkauf von ergänzenden Dienstleistungen wie „Abnehmen mit wingwave".

waren. Also z. B. Firmen-Inhaber oder Personalleiter, die dich als Coach für ihre Mitarbeiter eingekauft haben.

Ein besonderer Kniff ist in meinem Beispiel das PS: Es sticht aus dem Brief hervor und ist ein schöner Verstärker, der ganz zurückhaltend um neue Kunden wirbt.

Frau
Vorname Name
Straße und Hausnummer
PLZ Ort

Ort, Datum

Liebe Frau Mustermann,

das Coaching für Ihre Abteilungsleiter ist jetzt schon eine kleine Weile her. Heute möchte ich mich bei Ihnen ganz herzlich für das entgegengebrachte Vertrauen bedanken.

Ich hoffe, dass Sie mit mir und dem Coaching-Prozess zufrieden waren und im Alltag eine spürbare Verbesserung des Klimas erleben.

(Optional: Hier schicke ich noch einen persönlichen Wunsch hinterher – z. B. Erfolg für die Umstrukturierung, ein gutes Geschäftsjahr etc.)

Wenn Sie Fragen haben oder mich benötigen, bitte zögern Sie nicht, mich anzurufen: Vorwahl / Telefonnummer

(Optional: Sie erreichen mich, gerade in dringenden Fällen, auch mobil: Mobilfunknummer)

Mit freundlichen Grüßen

Vorname Nachname (mit ganzem Namen unterschreiben)

PS: Wenn Sie mich weiterempfehlen, würde mich das sehr freuen.

8.4.3 Weihnachts- und Geburtstagspost

RUTH: Bei mir geht das jedes Jahr Ende September los: Die ersten Kunden fragen begeistert an: „Was machen wir denn dieses Jahr für Weihnachten?" Und im Dezember rufen dann die Skeptiker an und fragen: „Lohnt es sich denn überhaupt, Weihnachten auch noch Post zu verschicken?"

Für mich ist das gar keine Frage. Viele Weihnachtskarten werden aufgehängt, selten landen sie wirklich ungelesen im Papierkorb und ich persönlich liebe Weihnachtspost!

TANJA: Manche Motive und unpersönliche Weihnachtsbriefe von Firmen nerven mich. Ich lese Weihnachtspost, auf der nur steht „Vielen Dank für die vertrauensvolle Zusammenarbeit" nicht gerne.

RUTH: Weihnachtspost von meinem Büromittelversender finde ich auch überflüssig. Aber freust du dich denn nicht über einen schönen Weihnachtsgruß?

TANJA: Doch schon. Ich würde so einen Gruß auch gerne meinen Klienten schicken, aber ich schaffe das nicht. Wenn ich diesen handgeschriebenen Weihnachtsbrief an alle neuen Klienten im Jahr schicken soll und dann auch noch an meine „Bestandsklienten" der letzten fünf Jahre ... Das bekomme ich zeitlich nicht hin und ehrlich gesagt habe ich bei dieser Masse schlicht keine Lust darauf! Ich bin ja auch noch ein „Privatmensch" und in dieser Rolle möchte ich in Ruhe Geschenke für die Familie einkaufen und meinen Freunden schreiben.

RUTH: Halt! Das ist ja noch mal was ganz anderes. Klar, sobald jemand über 70 Karten mit der Hand schreiben will, rate ich auch ab. Das gibt eine Sehnenscheidenentzündung und nervt am Ende – auch wenn man noch so motiviert anfängt. Aber es gibt coole Weihnachtskarten, sehr hübsche und persönliche Ideen, wie zum Beispiel Engelsflügel auf der Karte, selbst gereimte Weihnachtswünsche, Plätzchenrezepte und, und, und.

TANJA: Ja, stimmt. Über solche Karten, die nicht primär verkaufen wollen, freue ich mich auch sehr. Ich bevorzuge allerdings für meine Klienten Geburtstagskarten oder einfach Karten, die ich sehe und die mich sofort an jemanden erinnern. Die kaufe ich und verschicke sie dann – ganz ohne Weihnachtsstress. Außerhalb der Weihnachtszeit fällt Post einfach noch stärker auf.

8.4.4 Ihre Signatur – ein guter Werbeträger

Auch die E-Mail-Kommunikation gibt Ihnen Möglichkeiten, ganz geschickt und unaufdringlich für Ihre Sache zu werben.

Gerade im Erstkontakt ist es eine Frage der Höflichkeit, Kontaktdaten mitzuschicken. Für den Empfänger ist das eine praktische Sache, da er sofort sieht, mit wem er es zu tun hat und wo und wie er denjenigen erreichen kann. Es hindert Sie nichts daran, diese Kontaktdaten zu einem eigenständigen Werbemittel auszubauen, z. B. mit Ihrem Logo, mit Ihrem Angebot in Kurzform und Ihrem Slogan.

Das Beispiel von Désirée Holenstein zeigt, dass sie mit jeder Mail, die sie rausschickt, ihr Logo und ihre „Berufsbezeichnung" mitsendet und gleichzeitig Werbung für ihren Film macht. Ein YouTube-Link in der Signatur – das macht neugierig und sorgt garantiert für Klicks. Das about.me-Profil ist noch unbekannter – erfüllt aber den gleichen Zweck und zeigt zudem, dass Désirée absolut „up to date" ist.

Herzliche Grüße
Désirée Holenstein

 **zukunfts
schmiede**

**Gesundheits Coach
wingwave® / EMDR**

Walkestrasse 11 - 8400 Winterthur

076 443 95 39 – ↗ http://www.zukunftsschmiede.ch

YouTube: ↗ http://www.YouTube.com/watch?v=zv18COdp6gs
about me: ↗ http://about.me/d.holenstein

RUTH: Ein schönes Beispiel ist in diesem Zusammenhang auch Gudrun Teipel. Zusätzlich zu allen Kontaktdaten finden wir bei ihr den Slogan und, übrigens analog zur Homepage, ihr PS mit den neuesten Aktivitäten: Was sie gerade tut, wo sie zu treffen ist – und das gleich mit den entsprechenden Links:

GET Gudrun E. Teipel

Business & identity coaching

Bleiben Sie im Fluss

Am Steinberg 47

D – 65719 Hofheim am Taunus

Fon: +49 6192 9515643

Fax: +49 6192 9515644

get@bleiben-sie-im-fluss.de

↗ http://www.bleiben-sie-im-fluss.de

PS: Treffen Sie mich

28.02.2012 – Info-/Erlebnisabend von 19:30 Uhr bis 21:00 Uhr

„Im Fluss sein – Beruf und Lebensumstände, die zu Ihnen passen"

VHS Main-Taunus, Hofheim a.Ts., Pfarrgasse 38

buchen hier:

↗ https://www.vhs-mtk.de/index.php?id=197&urlparameter=kathaupt%3A11%3Bknr:V0509117

Und weiter geht's

20.03.2012 – 3. Main-Taunus Business Tag

von 14:00 Uhr bis 19:00 Uhr

Stadthalle Hofheim a.Ts., Chinonplatz,

lesen hier: ↗ http://www.hofheim.de/Themen/Wirtschaft/Hofheimer%20Businesstage/

TANJA: Regelmäßige Empfänger ignorieren den Anhang einfach oder schauen ganz gezielt nach den Neuigkeiten, z. B. im PS.

RUTH: Sie können Ihre Signatur mit einem Foto ausstatten, mit Links, mit Ihren Profilen in Twitter, Facebook oder mit einem Link zum jeweils neuesten Blogeintrag. Ihrer Kreativität sind hier kaum Grenzen gesetzt, wir hatten letztens eine Mail auf dem Tisch, in der die Signatur fast eine Seite lang war – und ziemlich cool!

TANJA: Also eine ganze Seite finde selbst ich als Rampensau zu viel ... Aber so eine halbe darf es schon sein ☺.

8.4.5 Referenzen einholen

Referenzen funktionieren dann besonders gut, wenn sie aus persönlichen Statements bestehen. Bei Business-Coaches sieht man oft eine Unzahl Logos großer Konzerne und Firmen – die Aussagekraft ist aber fast gleich null. Vollkommen anders ist es, wenn jemand Ihre Leistung mit seinen eigenen Worten lobt. Um diese Kommentare für Ihre Werbung einzusetzen, sollten Sie sicherheitshalber das O.K. Ihrer Klienten einholen. Vielleicht hilft Ihnen folgendes Formular aus unserer Praxis, das Sie für Ihre Bedürfnisse abwandeln können:

Textvorschlag zum Einholen von Referenzen

Wir arbeiten nun schon eine ganze Weile zusammen. Für mich ist es eine große Hilfe, wenn Sie mir kurz schildern, welche Erfahrung Sie mit mir gemacht haben und wo ich Sie unterstützen konnte:

_____

_____

_____

_____

Aus rechtlichen Gründen, benötige ich Ihr schriftliches Einverständnis, um Ihre Referenz für mein Marketing (Website, Werbung etc.) nutzen zu können.

Erlauben Sie Ihre Namensnennung, z. B.

☐ mit ganzem Namen, Funktion und Betrieb (z. B. Peter Schmitz, CEO, Schmitz-Consulting)

☐ mit ganzem Namen und Funktion (z. B. Peter Schmitz, CEO)

☐ mit abgekürztem Nachnamen und Funktion (z. B. Peter S., CEO)

☐ mit abgekürztem Nachnamen und Firma (z. B. Peter S., Schmitz-Consulting)

Datum und Unterschrift:

_____

Vielen Dank und herzliche Grüße

Ihre Unterschrift

RUTH: Übrigens hat diese Art der Referenzen-Abfrage noch einen schönen Nebeneffekt. In dem Moment, wo Ihnen jemand eine gute Referenz abgibt, binden Sie ihn mit dieser schriftlichen Festlegung noch einmal näher an sich und steigern in einem die Chancen auf eine Weiterempfehlung.

TANJA: Und für alle Smartphone- oder Videokamerabesitzer: Geben Sie Ihrer teuren Technik keine Gelegenheit zu rosten. Eine Videoreferenz ist ein sehr glaubwürdiger Nachweis Ihrer Arbeit und macht sogar so manchen Klienten Spaß!

8.4.6 Aus der Texter-Schmiede – Tipps für alle Werbemittel

„Spricht" Ihr Werbemittel zu Ihren Interessenten und Klienten? Reden Sie über sich oder zu Ihren Klienten? Denken Sie beim Schreiben Ihrer Werbematerialen stets daran, dass es nicht um Sie geht – sondern um Ihre Klienten? Ihr Kunde muss nur so viel von Ihnen erfahren, dass Sie „greifbar" sind. Ansonsten geht es um ihn.

RUTH: Die direkte Ansprache Ihrer Leser, die sogenannte „Sie-Ansprache", hilft Ihnen dabei, unkompliziert und unmittelbar mit Ihren Lesern zu kommunizieren. Die folgende Übung zeigt Ihnen, wie gut Sie schon mit Ihren Lesern in Kontakt treten. Die Übung gilt für alle Werbemittel. Detailliert zeigen wir sie Ihnen am Beispiel Ihrer Website:

Die Ampel-Übung: So sehen Sie, ob Sie Ihre Leser wirklich ansprechen

1. Drucken Sie den Text Ihres Internetauftritts aus.
2. Nehmen Sie sich einen roten und einen grünen Stift.
3. Markieren Sie zunächst alle Pronomen (Fürworte) wie „mein", „meine" „ich", „uns" etc. in **Rot**.
4. Dann nehmen Sie den **grünen** Stift und markieren Worte wie „Sie", „Ihre" usw.
5. Überprüfen Sie: Überwiegt die Farbe Rot? Stopp! Dann ist der Text Ihrer Website auf Sie fokussiert, nicht auf Ihren Kunden.
6. Überarbeiten Sie den Text so, dass der Kunde im Mittelpunkt der Ansprache steht.

RUTH: Jeder, der schon einmal von der AIDA[39]-Formel gehört hat oder der je in einer Marketing-Vorlesung war, wird das hier kennen. Dennoch, es schadet nicht, sich das immer und immer wieder zu Herzen zu nehmen, wenn man für ein Werbemittel textet.

---

39 Attention, Interest, Desire und Action.

Tanja: Natürlich sollten Sie einen Profi bevorzugen, aber dann passiert es eben doch, dass Sie die Einladung zum Vortrag ohne Unterstützung selber texten müssen ... Diese vereinfachte Anleitung hilft Ihnen, die Zustimmung und das Herz Ihrer Kunden zu gewinnen. Ich nenne das immer „Ruths Viererschritt":

Diese vier Schritte vereinfachen das Texten und helfen Ihnen, Kunden zu gewinnen

1. Schritt: Interesse wecken

Mit dem ersten Satz oder Halbsatz müssen Sie Ihre Leser einfangen, sie dazu bringen, weiterzulesen. Briefe, die mit dem Wort „hiermit" anfangen, können Sie also direkt in die Papiertonne treten. E-Mails, die einen völlig langweiligen oder verkäuferischen Betreff haben – Mülltonne. Stattdessen sollten Sie Interesse wecken, Unbekanntes versprechen, witzig sein oder neugierig machen.

2. Schritt: Kundennutzen

Was hat der Kunde davon, wenn er z. B. der Einladung zum Vortrag Folge leistet? Hier gehört ein ganz konkreter Grund hin. Coaches neigen dazu, so etwas zu formulieren wie „Erkennen Sie, was Sie für Probleme haben!" – Genau das will aber keiner. Präsentieren Sie dem Kunden stattdessen eine attraktive, süße „Mohrrübe".

3. Schritt: „Reason-to-believe"

Warum soll der Kunde das glauben? Warum können Sie – und (im Idealfall) sonst niemand – ihm das bieten? Was ist Ihr Alleinstellungsmerkmal? Warum sind Sie z. B. bei dem Vortrag der Experte der Wahl (Referenzen, Qualifikation)?

4. Schritt: Handlungsaufforderung

Hier ernten wir immer die verständnislosesten Blicke. Aber das ist wirklich wichtig: Sie sollten Ihren Lesern genau sagen, was am Ende zu tun ist. „Hier anmelden" (mit Link!), „Jetzt anrufen" (mit Telefonnummer!) oder „Frankieren und abschicken". Achten Sie einmal bei der Werbung, die Ihnen jeden Tag ins Haus flattert, darauf, wie oft dieser letzte Schritt fehlt. Selbst wenn die Werbung bis dahin funktioniert hat: Fehlt dieser Schritt, war vielleicht alles umsonst.

Ruth: Kommt Ihnen einiges davon bekannt vor? Gut. Das Agentur-Briefing (siehe 8.1.3) enthält ebenfalls den Kundennutzen und den Reason-to-believe. Denn diese Gedanken sind grundlegend für Ihr Marketing und überall dort wichtig, wo Sie zeigen müssen, dass Sie dem Kunden Nutzen bringen und warum ausgerechnet Sie das tun. Es lohnt sich, hier Zeit zu investieren! Versuchen Sie, diese Fragen möglichst genau und präzise zu klären – denn Sie werden sie immer mal wieder beantworten müssen. Egal, ob es darum geht, gelungene Einladungstexte zu formulieren, oder um ein Agentur-Briefing ...

Tanja: Oder ob es um die Frage geht, die wir gerne stellen „Wen kann ich als Klient zu Ihnen schicken – und warum?"

Ruth: Das waren die wichtigsten „Do-it-Yourself-Texter-Tricks", die ich Ihnen mitgeben kann. Jetzt erwarten Sie noch ein paar – Entschuldigung Tanja – wirklich durchgeknallte Marketingideen von ihr.

8.5 Unorthodoxe Marketingideen für ein geringes Budget

RUTH: Tanja ist berühmt für ihre ungewöhnlichen Marketingideen. Als Marketing-Rampensau schreckt sie vor fast nichts zurück. Das ist natürlich nicht jedermanns Sache. Aber falls Sie doch Lust darauf haben, die eine oder andere Idee umzusetzen, müssen wir Sie vorher noch warnen:

> **Warnhinweis:** Wer die nachfolgenden Ideen nachmacht oder verfälscht oder nachgemachte oder verfälschte Ideen sich verschafft und in Verkehr bringt, wird mit Neukunden nicht unter dreistelligem Umsatz „bestraft".

8.5.1 „Kölle alaaf!" für Ihre Neukundengewinnung

TANJA: Keine andere Zeit bietet so viele kreative Marketingmöglichkeiten wie der Karneval! Natürlich nur für die Coaches, die bei „Und jetzt die Hände zum Himmel" nicht schreiend davonlaufen. Sie können sich zum Beispiel ein **Kostüm** basteln und sich als Ihre **eigene Internetpräsenz** ins närrische Treiben stürzen. In Ihrer Browserzeile steht natürlich Ihre Internetadresse und Sie haben ein Foto Ihrer Startseite in Ihr Kostüm integriert. Jetzt müssen Sie nur noch die passende Karnevalsveranstaltung aussuchen, auf der sich Ihre Zielgruppe am ehesten zeigt. „Zufälligerweise" könnte dies genau das Event sein, bei dem Sie sich sowieso am wohlsten fühlen. Aber achten Sie auf den natürlichen Feind Ihres Marketingerfolgs: den Alkohol. Betrinken ist natürlich nicht drin, sonst schaden Sie Ihrem Ruf!

RUTH: Sorry für den Hinweis, aber wir sitzen beide im Rheinland. Damit Ihre Zielgruppe noch unter der zulässigen Promillegrenze auf Sie aufmerksam wird, sollten Sie bereits zu Beginn der Veranstaltung erscheinen. Sonst war Ihre Idee für die Katz. Ach nee – hier wohl eher für den Kater.

TANJA: Für alle unbegabten Bastler: Sie können sich auch ein T-Shirt drucken lassen. Auf diesem könnte z. B. stehen: „Eheprobleme? Coaching hilft" und dann ans T-Shirt ganz viele Visitenkarten zum Abreißen tackern ...

RUTH: Dafür, dass du ursprünglich nicht aus dem Rheinland kommst, bist du ganz schön „jeck". Diese Idee funktioniert bestimmt gut bei allen weiblichen Coaches, die noch Anschluss suchen ... Aber mit dem Text „Unzufrieden im Job? Coaching hilft" und Ihrer Internetadresse könnte es schon besser klappen.

TANJA: Guter Punkt – an diesen Aspekt des Karnevals hatte ich als glücklich verheiratete Frau natürlich nicht gedacht! Tipp: Positionieren Sie sich ganz strategisch bei allen Events, die im Fernsehen gezeigt werden, z. B. bei den großen Rosenmontagszügen. So günstig kommen Sie nie wieder an Fernsehwerbung ran!

8.5.2 Marketingideen, bei denen Kinder mitmachen können

Beispiel: Plätzchenwerbung

Backen Sie gerne – ob allein oder mit Kind(ern)?

Mit dem „Brigitte Keksausstecher-Set"[40] können Sie Kundengewinnung mit „Kinder-Bespaßung" gut vereinen. Am besten nehmen Sie den Namen Ihrer Internetadresse und prägen die URL auf leckere Kekse. Falls Sie nicht die begabteste Bäckerin sind, können Sie hierfür auch Fertigteig verwenden, aber Vorsicht: Auch hier gilt unterbewusst: Die Qualität des Keksgeschmacks färbt auch auf die unterstellte Qualität des Coaches ab!

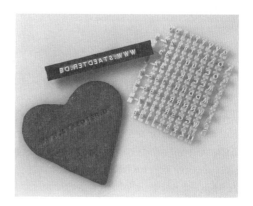

RUTH: Ich hatte übrigens mal schöne Weihnachtskekse mit meinem Logo, tolle Sache!

TANJA: Sag bloß, du hast ein echtes Logo? So nach allen Kriterien?

RUTH: Klar, schau her, hier ist das Beweis-Plätzchen:

---

40 Mit freundlicher Genehmigung der Firma Staedter.

Jetzt müssen Sie nur noch die richtigen Orte finden, um Ihre Kekse zu verteilen, denn auf Ihrem Sofatisch bringt Ihnen dieses Werbemittel erst einmal wenig.

Tanja: Als Kinder-Coach könnten Sie die Kekse z. B. nach Rücksprache mit dem Kinderarzt Ihrer Familie als kostenfreie Bewirtung im Warteraum auslegen. Und für Ihre Zielgruppe 70+ eignet sich das Altenheim besser als das örtliche Fitnesscenter.

Ruth: Für diese Zielgruppe würde ich auch lieber die Telefonnummer verwenden als die Internetseite. Und das in 20-Punkt-Schrift ☺.

Tanja: Guter Punkt. Für die Zielgruppe der Yogis können Sie die mit ayurvedischen Gewürzen angereicherten Kekse natürlich in Yoga-Schulen oder Yoga-Bekleidungsgeschäften auslegen (lassen). Die wenigsten Menschen haben etwas gegen eine so nette Form der Werbung und der Kosten-Aufwand pro Kunde lässt sich wirklich sehen bzw. schmecken.

Beispiel: Gehwegbemalung

Tanja: Diese Idee kam mir beim Kreidemalen mit meiner Tochter. Malen gehört nicht zu meinen größten Stärken, aber irgendwann kam ich dann auf folgende Idee:

Diese ungewöhnliche Idee kann tatsächlich Kunden zu Ihnen führen. Beachten Sie dabei Folgendes:
- Es hilft, wenn man ein Kind dabei hat. ☺
- Integrieren Sie die Werbung etwas unauffällig in die Zeichnungen des Kindes.
- Suchen Sie sich einen stark frequentierten Weg oder Platz aus. Dieser sollte strategisch so liegen, dass viele Menschen Ihrer gewünschten Zielgruppen dort vorbeikommen, z. B. vor einer Volkshochschule.
- Machen Sie mehrere Zeichnungen auf einmal, sorgen Sie aber dafür, dass ganz viel Abstand bzw. ganze Stadtteile zwischen den einzelnen Bildern liegen.
- Rechnen Sie nicht damit, dass auch nur ein Kunde zugibt, dass er aufgrund dieser Idee auf Ihrer Internetseite war.

8.5.3 Aushang mit Abreißzetteln

TANJA: Sie wollen Studenten die Prüfungsangst wegcoachen und dabei das Geld für einen Flyer sparen? Kein Problem! Hier können Sie mit selbst gestalteten Abreißzetteln punkten. Entsprechende Vorlagen gibt es in vielen Schreibprogrammen kostenlos oder sie können mit etwas Grips selbst gestaltet werden. Diese kostengünstige Art der Werbung funktioniert auch bei anderen Zielgruppen. Zum Beispiel können Sie damit auch sehr gut in den Fluren von Kinderärzten oder Supermärkten für sich werben.

> **Vorsicht:** Mit diesem Werbemittel können Sie in der Regel keinen hohen Stundensatz durchsetzen. Für den Coach-Einstieg und den eigenen Erfahrungsschatz kann es allerdings ganz lohnenswert sein, über diesen Weg zu werben.

RUTH: Wenn der Coach gut ist, setzt hier die Empfehlungs-Maschinerie ein. Erst recht, weil man sie so kurios gefunden hat – dort, an der Pinnwand, wo man mittels Abreißzettel auch die alten Reitstiefel der Kinder losgeworden ist ...

8.5.4 Kostenfreie Werbung über Produkt- und Buchrezensionen

Sie lesen gerne und viel und haben eine fundierte Meinung zu den gelesenen Büchern? Dann schreiben Sie doch eine Rezension für Amazon. Und – das ist der Trick – schreiben Sie nicht unter einem fantasievollen Nick-Namen, sondern setzen Sie als Namen Ihre Internetadresse ein.

> **Warnung:** Das ist kostenfreie Werbung für Sie, aber der Schuss kann auch nach hinten losgehen. Überlegen Sie sich genau, ob Sie Ihre Begeisterung für den Pirelli-Kalender in Zusammenhang mit Ihrem Beruf stellen wollen.

8.5.5 Kostengünstige Kundenwerbung mit Teebeuteln

Sehr günstig können Sie auch mit Teebeutel für Ihr Angebot werben.

TANJA: Ich war zum Beispiel vor ein paar Jahren bei einem interessanten Vortrag zum Thema „Schlafprobleme" von Prof. Dr. Jürgen Zulley. Als Rampensau hatte ich natürlich noch ein paar Teebeutel mit dem passenden Namen „Träum-schön-Tee" mitgenommen, an die meine Visitenkarte getackert war. Je nachdem, wie extrovertiert Sie sind, können Sie diese Teebeutel einfach auslegen oder im Gespräch anderen Zuhörern direkt überreichen. Die Kosten für diese ungewöhnliche Werbemaßnahme lagen übrigens bei etwa vier Euro – und diese Kosten hatte ich mit dem ersten Kunden schon um ein Vielfaches wieder rein.

RUTH: Wir werben in diesem Buch ja für authentisches Marketing. Für diese Idee heißt das, dass Sie wirklich nur zu den Vorträgen gehen, die Sie auch interessieren.

TANJA: Sie können aber jetzt erst mal eine leckere Tasse „Hol-dir-Kraft-Tee" trinken – bevor Sie in das VHS-Verzeichnis schauen und nach passenden Vorträgen suchen.

9. | Ihr Marketing ist perfekt – wer merkt es zuerst?

Selbstverständlich meinen wir das Wort „perfekt" nicht ernst. Wir sprechen in unserem Buch ja von authentischem Marketing, und da versteht es sich von selbst, dass Ihr Marketing genauso sein darf wie Sie: menschlich, also nicht perfekt.

TANJA: Aber stellen Sie sich doch mal vor, es passiert ein Wunder … Sie haben das Buch zu Ende gelesen, legen es neben Ihr Bett und schlafen ein. Als Sie am nächsten Morgen aufwachen, war in der Nacht eine Fee da und hat bereits alles für Sie und Ihr Marketing erledigt:

- Ihre Werbemittel passen zu 100 % zu Ihrer Persönlichkeit.
- Alle Tricks und Tipps aller Marketingbücher weltweit wurden für Ihren Internetauftritt und alle weiteren Werbemittel bereits berücksichtigt.
- Ihre vorhandenen Selbstsabotagemuster wurden von der Fee einfach weggezaubert und Sie sind ab sofort gut genug, Ihrer Berufung als Coach nachzugehen, dürfen sogar noch Spaß dabei haben und Geld verdienen.

Natürlich hat Ihnen niemand erzählt, dass die Fee da war und alles so wunderbar für Sie und Ihr Marketing gezaubert hat. Da fragen wir uns doch:

9.1 Woran merken Sie selbst, dass Ihr Marketing jetzt anders ist?

Was ändert sich konkret für Sie und Ihr Leben? Diese Frage können Sie natürlich nur für sich selbst beantworten.

Ruth: Woran Tanja das gemerkt hat, verraten wir Ihnen auch gleich noch. Wobei, da war keine Fee – Tanja war einfach sehr fleißig.

Bitte nehmen Sie sich kurz Zeit für die Antwort, denn es macht nur wenig Sinn, erst viel Mühe in etwas zu stecken, wenn man keine Messlatte hat, um festzustellen, ob man auch erfolgreich war.

Also, woran merken Sie die Arbeit der Fee?

_____

_____

_____

_____

_____

_____

_____

_____

Sie brauchen etwas mehr Struktur für diese Antwort? Dann kann Ihnen das SMART-Format aus dem NLP einen guten Rahmen geben:

Sinnspezifisch:
- Was würden Sie dann sehen?
- Was würden Sie dann hören?
- Was würden Sie dann fühlen?
- Was würden Sie dann riechen?
- Was würden Sie dann schmecken?

Tanja: Ganz provokant gefragt: Wachen Sie noch in Ihrem alten Zuhause auf oder hören Sie das Meer und die Palmen rauschen?

Messbar:

- Wie viel Umsatz möchten Sie im Jahr erreichen?
- Wie hoch soll der Gewinn pro Jahr sein?
- Wie viele Urlaubstage können Sie sich gönnen?
- Wie viele sympathische Kunden finden den Weg pro Monat zu Ihnen?
- Wie viele Coaching-Termine können / wollen Sie im Monat durchführen?
- Wie viele Neukunden rufen jeden Monat an?

Attraktiv:

- Wie angenehm ist Ihnen das sinnspezifische Ziel?
- Fühlen Sie sich rundum wohl und authentisch dabei?
- Spricht etwas dagegen, dieses Ziel zu erreichen? Wenn ja, dann modifizieren Sie das Ziel, bis es sich für Sie gut anfühlt.

Realistisch:

- Sind Ihre Ziele wirklich realistisch? Auch zeitlich?
- Oder werden Sie durch unrealistischen Anspruch an sich selbst eher zum Neu-„Kunden" beim Therapeuten um die Ecke?

Terminiert:

- Wann machen Sie welchen nächsten Schritt?
- Welche Meilensteine gibt es noch bis zur Zielerreichung?
- Wann ist für Sie Ihr Marketingziel erreicht? Endgültig – bzw. so lange, bis Sie wieder ein neues, smartes Ziel definieren?

RUTH: Lassen wir die Fee in ihrer eigenen Welt und schauen uns lieber mal unser Umfeld genau an. Wundern Sie sich nicht – es kann gut sein, dass andere vor Ihnen feststellen, wie gut Ihr Außenauftritt jetzt zu Ihnen passt. Und es kann sein, dass die das gar nicht mal so toll finden ...

9.2 Wann merkt die Konkurrenz, dass Ihr Marketing perfekt ist?

Ja, die Mitbewerber schlafen nicht und sicherlich sind Coaches – im Vergleich zu anderen Branchen – noch die angenehmeren Konkurrenten. Aber vielleicht kennen Sie das ja: Bei einem Seminar oder Supervisionsabend redet man über die Kollegen und da wird zum Teil über die Fotos in XING gelästert oder es fallen kritische Worte über Internetseiten, Positionierung, das Netzwerk usw.

TANJA: Als Coaches wissen wir um das systemische Prinzip und werden einen Teufel tun, unserer Hauptkonkurrentin im Ort die Pest an den Hals zu wünschen. Nichtsdestotrotz habe ich am eigenen Leib erfahren, wie eine nette Kollegin zum Raubtier wurde, als sie merkte, dass wir beide eine ähnliche Zielgruppe ansprechen.

Aus meiner Sicht gibt es keine Konkurrenz. Der Markt „da draußen" ist 100 %. Jeder Mensch kann durch die Arbeit eines guten Coaches profitieren. Zu jedem passen ein anderer Coach und eine andere Methode. Von daher sehe ich das locker. Beim *Deutschen Coaching Verband* heißt es immer so passend „Kooperation statt Konkurrenz".

RUTH: Das sehen viele anders. Einige meiner Coach-Klienten haben seitenweise Ausdrucke erstellt, um zu sehen, welche Konkurrenz sie in der Nähe haben und wie sie sich davon am besten abgrenzen können. Sie stehen also vielleicht mehr unter Beobachtung, als Sie denken! Aber das darf Sie nicht schrecken, im Gegenteil: Der Erfahrungsaustausch mit den Kollegen ist durch nichts zu ersetzen – manchmal muss man nur selbst den ersten Schritt wagen und feststellen, dass der andere gar nicht so übel ist und man gut voneinander profitieren kann.

Lassen wir hier einmal Wilhelm Busch zu Wort kommen (ja, ein Zitat!), für den Fall, dass auch Ihnen ein unschöner Kommentar über Ihr Marketing oder Ihre Arbeit zu Ohren kommen sollte: **„Der Neid ist die aufrichtigste Form der Anerkennung."** Und auch Bruce Lee möchte hierzu noch etwas ergänzen: **„Wenn du kritisiert wirst, dann musst du irgendetwas richtig machen. Denn man greift nur denjenigen an, der den Ball hat."**

TANJA: Bitte sorgen Sie gut für sich, wenn es Sie doch persönlich treffen sollte: Grenzen Sie sich ab, ob mit einem NLP-Schutzmantel oder mit einer anderen Technik Ihrer Wahl!

In meinen härtesten Minuten, die mir wie Stunden vorkamen, haben mir die Herzintelligenz-Methode von Doc Childre und wingwave gut geholfen.

RUTH: Aber wir wünschen Ihnen, dass Sie vom Kollegen-Neid verschont bleiben und lieber gemeinsam Kaffee trinken gehen.

Es wäre doch viel schöner, wenn ein Kunde Ihr authentisches Marketing als Erstes bemerken und gutheißen würde …

9.3 Wann merkt der Kunde, dass Ihr Marketing perfekt ist?

9.3.1 Wann merkt es ein potenzieller Kunde?

So, jetzt müssen Sie ganz, ganz stark sein. Denn bis ein Kunde die positive Veränderung bemerkt: Das kann dauern.

Ruth: Stellen wir uns einmal vor, dass Sie am 1.1. Ihre neue Internetseite online stellen. Wann werden die ersten Kundenreaktionen kommen? Wenn dies Ihr erster Web-Auftritt unter dieser Domain ist, dauert es schon ein paar Wochen, bis Google mal so „freundlich" ist, Sie auch zu finden. Das können Sie am besten regelmäßig selbst überprüfen, indem Sie z.B. unter dem Begriff „Coach" und Ihrem Wohnsitz suchen. Sollte dann Ihr Auftritt nicht erscheinen, sind die Suchroboter der Suchmaschinen noch nicht so weit oder Sie haben unter den Suchbegriffen (siehe Kapitel 7) doch glatt vergessen, den Ort anzugeben, dass Sie Coach sind oder sonst etwas Essenzielles.

Nun haben wir vielleicht schon den 22.1. und Sie werden endlich gefunden. Höchstwahrscheinlich werden Sie noch nicht am selben Tag mit Anrufen rechnen können ...

Tanja: Es wird wahrscheinlich eher bis zum 1.3. dauern, bevor Sie vom permanenten Telefonklingeln beim Marketingbuch-Lesen unterbrochen werden. Viele Klienten brauchen sehr viel Zeit, bis sie sich trauen, uns anzurufen. Im Extremfall kann das auch mal ein Jahr dauern.

Die Wartezeit birgt eine sehr große Gefahr

Wir haben es schon erlebt, dass ein Coach diese Zeit nicht aushalten konnte und immer wieder das Gefühl hatte, die Positionierung sei noch nicht die richtige. Also wurde immer wieder der Köder an der Angel geändert. Als der „Fang" zu wünschen übrig ließ, wurde der Regenwurm gegen einen Mehlwurm getauscht. Als sich gerade ein Fischschwarm der Angel näherte, schwupps, wurde die Angel mit Wucht herausgezogen und ein Stück Brot drangehängt. Die Fische zogen verwirrt davon und eine Ente betrachtete den Köder. Aber ach, auch das wurde kein Festtagsschmaus, weil die Ente das hektische Hin und Her misstrauisch gemacht hatte und sie sich lieber ein weniger zappeliges Stück Brot aussuchte. Geduld zahlt sich aus – nicht nur beim Angeln!

Ruth: Davon abgesehen gibt es ganz einfache Methoden darauf aufmerksam zu machen, dass sich etwas getan hat. Bei einem Relaunch der Internet-Seite ist es sinnvoll, alle Klienten und Netzwerker anzuschreiben (auch via Social Media) und zum Besuch auf der neuen Homepage einzuladen. Ich hatte schon die Idee, eine Art

Wunschfee zu beauftragen, die sich mit utopischen Wünschen herumschlägt: „Instant-Kunden" aus dem Glas (nur drei Minuten aufwärmen, fertig!) würden bestimmt dafür sorgen, dass die ersten Wochen gut überstanden werden.

> **Unser Fazit:** Geben Sie sich und Ihren Kunden etwas Zeit! Es ist völlig normal, dass es ein paar Monate dauert, bis mehr Klienten auf Sie bzw. Ihr Marketing aufmerksam werden.

TANJA: Und dann kann es sein, dass es plötzlich auch mal drei Neukunden an einem Tag sind.

„Wir wissen nicht, ob diese Wunschfee wirklich gerne geschüttelt wird!"

9.3.2 Wann merkt Ihr Stammkunde, dass Sie Ihr Marketing optimiert haben?

Sicherlich können wir uns zu Recht die Frage stellen, ob es Stammkunden im Coaching überhaupt gibt. Sie arbeiten in der Regel ja nur ein paar wenige Sitzungen an dem Anliegen des Klienten und danach „braucht" er Sie nicht länger.

TANJA: Ich habe die Erfahrung gemacht, dass Kunden oft ein bis zwei Jahre später wiederkommen, wenn sich eine neue emotionale Herausforderung ergibt. Und für das neue Anliegen bin ich sehr gerne wieder für meinen Kunden da.

RUTH: Außerdem sind Stammkunden natürlich die besten Multiplikatoren.

Von daher birgt eine neue Internetseite oder eine neue Positionierung auch eine gewisse Gefahr, die Stammkunden zu verprellen. Dies hängt ganz entscheidend von drei Variablen ab:

1. Wie viel hat sich geändert am Design oder an der Positionierung?
   Wenn Sie vom Business-Coach zum Hamster-„Flüsterer" geworden sind, kann diese Änderung schon einige Stammkunden vergraulen.
2. Wie gut war Ihr Rapport zum Klienten? Wenn die Beziehung entsprechend gut war, dürfte selbst bei einer Neuorientierung auf Hamster zumindest noch die Nachfrage kommen, ob Sie in Ausnahmefällen noch Menschen als Klienten annehmen.
3. Wie gut haben Sie Ihre Stammkunden über diesen Schritt informiert? Falls Sie als Netzbürger regelmäßig mit einem E-Newsletter oder via Social Media in Kontakt stehen, kann man auf diesem Wege den vollzogenen Schritt und die Konsequenzen gut erklären.

RUTH: Dann hat der Kunde die Wahl, ob er mit Ihrem neuen „Ich" konform geht oder nicht. Wenn Sie sich authentisch im Marketing zeigen, sollte der Abwanderungseffekt jedoch sehr gering sein. Und die Kunden, die dann gehen, um die ist es aus unserer Sicht eh nicht sooooooooooo schade.

9.4 Wann hat es Tanja gemerkt? – Und was hat ihr das authentische Marketing gebracht?

RUTH: Wir fingen im letzten Jahr des Öfteren Nachbars Kaninchen ein. Mit dem Klassiker – mit Mohrrüben. Jetzt kommt die „Mohrrübe" für alle diejenigen, die noch einen kleinen Anreiz von außen brauchen, wenn Sie sich noch fragen: „Warum sollte ich mir die Mühe machen, mein Marketing auf authentisches Marketing umzustellen?" Oder: „Warum lohnt es sich – für Mauerblümchen oder Coach-Anfänger – damit anzufangen?"

TANJA: Damit Sie das Problem bekommen, das ich gerade habe! Es ist total verrückt: Ich liebe Marketing und gerade ICH bin jetzt gezwungen, mein Marketing etwas zurückzufahren, weil ich sonst die Kundenprozesse gar nicht mehr in der angemessenen Zeit durchführen kann! Es tut mir in der Seele weh, wenn eine Mutter wegen Prüfungsangst ihrer Tochter anruft und ich sagen muss: „Sehr gerne. In zwölf Wochen habe ich Zeit."

RUTH: Was bei Tanja auch immer „zurückfahren" im Marketing heißt. Sie twittert wahrscheinlich nicht mehr dreimal am Tag ...

An dieser Stelle muss ich Sie warnen: Es ist total gefährlich, sein Marketing in guten Zeiten zu vernachlässigen. Ich möchte hier noch einmal auf die in Kapitel 3 beschriebenen Denkfehler hinweisen! Marketing muss man nicht nur am Anfang machen und antizyklisches Handeln ist sehr wichtig.

Tanja ist da jetzt wirklich eine Ausnahme, da sie als „Mega-Rampensau" einfach so viel macht, dass sie wirklich mal einen Schritt kürzer treten kann. Sie sollte sich selbst etwas Gutes tun, gerade die Marketing-Aktivitäten einsparen, die sie viel Vorbereitungszeit kosten. Außerdem kann sie nicht mehr zu jeder Vortragsidee „Ja" sagen und jede Veranstaltung besuchen, zu der sie eingeladen ist. Stattdessen macht es im Moment mehr Sinn, die „stillen Aktivitäten" (die sie ja ausgezeichnet laut vermarkten kann) voranzutreiben – zum Beispiel noch ein Buch zu schreiben. Das wirkt sich zwar erst in ein bis zwei Jahren auf die Auslastung aus, zahlt aber schon jetzt auf ihren Expertenstatus ein.

Was hat es noch gebracht – außer der Freiheit, die Marketing-maßnahmen jetzt zurückfahren zu können?

TANJA: Seitdem „mein authentisches Marketing" für mich spricht, habe ich das Gefühl, gar keine Werbung mehr machen zu müssen. Durch meinen Film auf YouTube und die authentische Internetseite kommen die Menschen zu mir. Freiwillig. Und in ausreichender Zahl. Das heißt ja nicht, dass alles immer super läuft. Ich bin nicht perfekt. Genauso wenig wie mein Marketing.

Die Kunden rufen mich an und meistens wollen sie einfach nur einen konkreten Termin vereinbaren. Noch wichtiger: Ich freue mich auf jeden neuen „Arbeitstag", weil zu mir nur die Kunden kommen, die ich menschlich mag. Seitdem ich meine authentische Positionierung gefunden habe, muss ich keine Krimis mehr lesen und keinen „Tatort" mehr gucken, denn mit meiner Nische erlebe ich jeden Tag so viel Spannendes, dass mein Bedarf an fiktiven Dramen gedeckt ist.

Die Chemie stimmt einfach zwischen mir und meinen Kunden – und das erkenne ich auch an den Ergebnissen meiner Arbeit. Die Rückmeldungen meiner Klienten sind zum Teil überwältigend! Ich kann sehen und spüren, wie diese bezaubernden Menschen in wenigen Stunden wieder in ihrer Kraft sind und das Beste: voller Lebensfreude und Zuversicht. Und ich kann mir ein schönes Leben davon leisten!

Die Sinnhaftigkeit im Tun, verbunden mit der Selbstbestimmtheit, macht mich einfach nur glücklich. So bleibt noch Zeit für meine Familie, die für mich das Wichtigste überhaupt ist. Ach ja, und es bleibt noch die Zeit, um dieses Buch zu schreiben. Mit der besten Freundin und Marketingexpertin die ich kenne. Danke Ruth!

All das wünsche ich Ihnen – nur meine beste Freundin, die würde ich gerne behalten ...

RUTH: Oh mein Gott, was für ein rührendes Ende ... Bevor ich jetzt das Taschentuch rausholte und Ihnen mit der Antwort Bollywood-Kino biete, füge ich schlicht hinzu: Es lohnt sich wirklich, authentisch zu leben und authentisch Marketing zu betreiben. An Tanjas „Marketingleben" der letzten fünf Jahre konnte ich das gut hautnah verfolgen! Ein kongruentes Leben macht gesund und glücklich. Und vielleicht auch ein bisschen reich. Auf jeden Fall innerlich. Packen Sie es an!

10. | Alle Marketingideen auf einen Blick

Sie haben es geschafft, denn noch mehr Ideen konnten wir nicht zwischen zwei Buchdeckel quetschen. Wir möchten Ihnen an dieser Stelle noch einen kurzen Überblick über alle beschriebenen Marketingideen geben, die wir für Ihr authentisches Marketing empfehlen.

RUTH: Nachdem Tanja ja eher der „strukturierte" Typ ist, bestand sie unbarmherzig darauf, an dieser Stelle noch eine stichpunktartige Zusammenfassung aller Ideen festzuhalten.

TANJA: Vielleicht gibt es ja noch mehr Menschen wie mich, die nicht jedes Mal das ganze Kapitel 7 und 8 lesen wollen, wenn sie nach einer Idee für ihr Marketing suchen?

RUTH: Oder die einfach ein schlechtes Gedächtnis haben ☺.

TANJA: Wie auch immer ... Mir ist dieser Punkt wirklich wichtig. Alle anderen Leser dürfen die nächsten Seiten gerne überblättern. Die nun folgenden Ideen wurden allesamt von uns bzw. unseren Marketingklienten getestet und für gut befunden. Die Kapitelangaben in den Klammern beziehen sich jeweils auf die „Hauptfundstellen" im Buch; sie erheben keinen Anspruch auf Ausschließlichkeit.

Alle gezeigten Marketingideen im Überblick

Visitenkarten bewusst einsetzen (Kapitel 7.2.1, 7.4.7, 8.5.5)
Internetauftritt optimieren (siehe Check-Box [7.1.3], Beispiel Dirk W. Eilert [7.4.2]) und
   Ampelübung (8.4.6)
Suchmaschinenoptimierung (Kapitel 7.1.3)
Suchmaschinenwerbung mit Google-AdWords (Kapitel 7.2.3)
Flyer bewusst an Orten verteilen, wo die Zielgruppe sich aufhält (Kapitel 7.1.4, 7.4.2)
Kundenbindung:

- Coaching-Starter-Brief (Kapitel 8.4.1)
- Abschiedsgeschenk (Kapitel 7.1.2)
- Dankesbrief (Kapitel 8.4.2)
- absichtsfreie Anrufe (Kapitel 7.1.2)
- Weihnachts- und Geburtstagspost (Kapitel 8.4.3)
- Kontakthalten via Social Media (soweit genutzt) (Kapitel 7.2, 7.4.3)
- Zusenden von passenden Zeitungsartikeln und Buchempfehlungen (Kapitel 7.1.2)
- Geschenke mit Mehrwert und langer Verweildauer beim Kunden (Kapitel 7.1.2)

Seriöses Auftreten:

- Festnetznummer (Kapitel 7.1.3, 8.1.4)
- Verbandszugehörigkeit (Kapitel 7.1.3)
- zertifizierte Ausbildung (Kapitel 7.1.3)
- Referenzen (auch Video) (Kapitel 7.1.3, 7.4.2, 7.4.3, 8.4.5)

authentische Referenzen für den Internetauftritt (Kapitel 7.4.2)

(Online)-Kooperationen und Coaching-Pools (Kapitel 7.1.4, 7.2.3, 7.3.7, 7.4.8, 7.4.10)

authentische Fotos (siehe Kapitel 4.1, Check-Box Kapitel 4.2.3, Kapitel 7.1.5)

Blog (Kapitel 7.2.1)

about.me-Profil (Kapitel 7.2.1)

Smartphone-Visitenkarte (Kapitel 7.2.1)

Facebook (Kapitel 7.2.2, 7.4.3)

Twitter (an #-Zeichen denken!) (Kapitel 7.2.1, 7.4.3)

XING (weitere Profile im Netz, Gruppen, Referenzen und Statusmeldungen nutzen) (Kapitel 7.1.4, 7.2.1, 7.2.2, 7.3.5, 7.4.3)

Google+ (Kapitel 7.2.3, 7.4.2)

LinkedIn (Kapitel 7.1.4, 7.2.2) ·

Stumbleupon.com (Kapitel 7.2.2)

GoogleAdwords (siehe Check-Box Kapitel 7.2.3)

Webinare (Kapitel 7.2.3)

Webcasts (Kapitel 7.2.3)

Podcasts (Kapitel 7.2.3)

E-Newsletter (Kapitel 7.2.3, 7.3.5, 7.4.2)

RSS-Feeds (Kapitel 7.2.3)

Redaktionstool für Social Media (Kapitel 7.2.3)

Filme über Fachthemen, Firmenfeiern und Imagefilme (Kapitel 7.3.3, 7.3.4, 7.4.4, Check-Box 7.4.6)

App (Kapitel 7.4.5)

QR-Code (Kapitel 7.3.4)

Postkartenwerbung (Kapitel 7.3.5)

Starter-Paket zum Anfassen (Kapitel 7.3.5)

Expertenforen (Kapitel 7.3.5, 7.3.7)

Buch (siehe Check-Box Kapitel 7.3.6)

Buchbeitrag (Kapitel 7.3.6)

Vorträge (Kapitel 7.3.2, 7.3.7, 7.4.5)

Seminare (Kapitel 7.3.2, 7.3.7, 7.4.5)

Veröffentlichungen in Zeitschriften (Kapitel 7.3.6, 7.4.5)

Messe-Stand (Kapitel 7.3.2, 7.3.7)

(Online)Radio (Kapitel 7.2.3, 7.3.7, 7.4.4, 7.4.6)

Unterstützende Beteiligung an Weltrekorden (Kapitel 7.3.4, 7.4.4)

PR (Kapitel 7.3.7)

Fernseh-Aufzeichnung (Kapitel 7.3.7, siehe Check-Box 7.4.6, 8.5.1)
Mailing (Kapitel 8.1.2)
Werbung an ungewöhnlichen Orten (Museum) (Kapitel 7.4.8)
Autowerbung mit Folien, Magnetschildern oder Sonnenblenden (Kapitel 8.1.4)
Autosignatur bei Mails (Kapitel 8.4.4)
unorthodoxe Marketingideen mit geringem Budget:
- Karneval für Neukundengewinnung nutzen (Kapitel 8.5.1)
- Plätzchenwerbung (Kapitel 8.5.2)
- Gehwegbemalung mit Kreide (Kapitel 8.5.2)
- Aushang mit Abreißzetteln (Kapitel 8.5.3)
- Produkt- und Buchrezensionen (Kapitel 7.2.2, 8.5.4)
- Teebeutel-Werbung (Kapitel 8.5.5)

RUTH: Das ist eine ganz schöne Menge, die da zusammen gekommen ist! Wir sind selbst ganz erstaunt.

TANJA: Wir sind Ihnen sehr dankbar, dass Sie uns bis hierher gefolgt sind. Lassen Sie die Ideen erst mal gut sacken, schlafen Sie eine Nacht drüber und dann ...

RUTH: ... kann es ja ab morgen ganz entspannt mit Ihrem authentischen Marketing losgehen.

BEIDE: Wir drücken Ihnen ganz fest die Daumen!

Empfehlungen

Wir haben in den letzten Jahren viele Bücher und Blogs gelesen und unzählige Kollegen, Coaching-Methoden und Marketingmittel kennengelernt. Aus diesem breiten Wissens-Fundus möchten wir Ihnen gerne die aus unserer Sicht besten Empfehlungen für Ausbilder, Bücher, Links und aller hier im Buch vorgestellten Marketingideen geben.

Coachingausbilder

TANJA: Diese Empfehlungen kommen natürlich alle von mir, da Ruth sich weiterhin standhaft weigert, sich als Coach ausbilden zu lassen. Gute Ausbilder zu finden ist nicht einfach. An dieser Stelle empfehle ich nur die Ausbilder, die ich selbst auch in dieser Rolle kennengelernt und für gut befunden habe:

Wer:	Hauptstandort:	Link:
Jörg Abromeit	Bonn	↗ http://www.redeakademie.de
Cora Besser-Siegmund	Hamburg	↗ http://www.besser-siegmund.de
Gerda Ehrlich	Stein am Rhein (Schweiz)	↗ http://www.ehrlich-gesagt.com
Dirk W. Eilert	Berlin	↗ http://www.wingwave-akademie.de
Farida Tlili (nein, ich habe keinen Buchstaben vergessen ☺)	Berlin	↗ http://www.schulcoaching-training.de
Achim Stark	München	↗ http://www.achimstark.de
Oliver Müller	Bonn	↗ http://www.change-concepts.de
Anja Mumm	München	↗ http://www.coaching-kompetenz.de

RUTH: Sicherlich gibt es noch sehr viele gute andere Ausbilder! Damit Sie für sich die richtige Wahl treffen, achten Sie auf die Referenzen des Ausbilders und hören Sie auf Ihren Bauch. Dazu passt der Buchtipp von Gerd Gigerenzer, in der nun folgenden Liste von Buchempfehlungen.

Buchempfehlungen

Hier finden Sie unsere Lieblingsbücher aus dem Bereich Coaching, Marketing und aus verwandten Themenbereichen. Hinter jedem Titel steht ein guter Grund, weshalb Sie dieses Buch aus unserer Sicht lesen sollten – wenn Sie Spaß daran haben.

Kristine Alex: Orte erinnern sich. München, Kösel 2008.
... Finden wir gut, weil Sie hier viel Wertvolles über Aufstellungsarbeit mit Häusern erfahren.

Renee Baron & Elizabeth Wagele: Das Enneagramm leichtgemacht. Darmstadt, Schirner 2005.
... Finden wir gut, weil es Ihnen in sehr knapper und anschaulicher Form einen Überblick über die verschiedenen Enneagrammtypen gibt.

Joachim Bauer: Warum ich fühle, was du fühlst. Hamburg, Hoffmann und Campe, 2005, 4. Aufl.
... Finden wir gut, weil Sie mehr über Spiegelneuronen und deren Auswirkung für Ihr Leben und das Ihrer Klienten erfahren.

Irene Becker: Everybody's Darling, Everybody's Depp. München, Goldmann 2009.
... Finden wir gut, weil Sie bzw. Ihre Klienten mit diesem Buch leichter aus der Harmoniefalle herauskommen.

Cora Besser-Siegmund & Harry Siegmund: wingwave-Coaching: wie der Flügelschlag eines Schmetterlings. Paderborn, Junfermann 2010.
... Finden wir gut, weil Sie die Grundlagen von der unglaublich wirksamen Methode wingwave kennenlernen wollen.

Cora Besser-Siegmund & Harry Siegmund (Hrsg.): Erfolge bewegen – Coach Limbic. Paderborn, Junfermann 2003.
... Finden wir gut, weil Sie die Wirkungsweise von wingwave und interessante Coachingabläufe kennenlernen können.

Cora Besser-Siegmund &Harry Siegmund: Imaginative Familienaufstellung mit der wingwave-Methode (derzeit vergriffen, wird aber als E-Book aufgelegt).
... Finden wir gut, weil hier das Wissen der Aufstellungsarbeit mit dem Ansatz der wingwave-Methode toll kombiniert wurde.

Cora Besser-Siegmund & Harry Siegmund: Wingwave-Trainings-CD 1–3.
... Finden wir gut, weil man als wingwave-erfahrener Coach mit dieser Musik prima sich selbst und seine Klienten bei mentalen Themen unterstützen kann.

Klaus Brandmeyer, Peter Pirck & Andreas Pogoda: Marken stark machen – Techniken zur Marketingführung. Weinheim, Wiley 2008.
... Finden wir gut, weil es ein gutes Buch ist, um ein Gespür für die eigene Marke zu entwickeln.

John Caples: Tested Advertising Methods. Prentice Hall 1998.
... Finden wir gut, weil hier mehr als 60 Jahre Erfahrung mit Anzeigen drinstecken.

ROBERT B. CIALDINI: Influence – the Psychologie of Persuasion. Deutsch: Die Psychologie des Überzeugens. Bern, Huber, 6. Aufl. 2010.
... Finden wir gut, weil es zeigt, was wirklich über Kauf und Verkauf entscheidet.

DOC CHILDRE & HOWARD MARTIN: Die Herzintelligenz-Methode. Kirchzarten, VAK 2000.
... Finden wir gut, weil Sie hier eine hochwirksame Anti-Stress-Methode kennenlernen, die zusätzlich noch mehr Herzensgüte in die Welt bringt.

ROBERT B. DILTS: Identität, Glaubenssysteme und Gesundheit. Paderborn, Junfermann 1991.
... Finden wir gut, weil Sie hier die NLP-Möglichkeiten für die eigene Gesundheit von einer absoluten Koryphäe gezeigt bekommen.

DIRK W. EILERT & CORA BESSER-SIEGMUND: wingwave-Coaching: die Profi-Box. Paderborn, Junfermann 2011.
... Finden wir gut, weil Sie als visueller Lerntyp und ausgebildeter wingwave-Coach Ihre Arbeit qualitativ verbessern und inhaltlich noch erweitern wollen.

PAUL EKMAN: Gefühle lesen. Heidelberg, Spektrum 2. Aufl. 2010.
... Finden wir gut, weil Sie mit diesem Buch einen guten Einblick in die Welt des Gesichter-Lesens erhalten.

MALCOLM GLADWELL: Blink! Die Macht des Moments. Frankfurt, Campus 2005.
... Finden wir gut, weil es für Coaches vielleicht nicht so überraschend ist, aber für Marketeers wertvolle Erkenntnisse toll erzählt liefert.

KERSTIN GIER: Auf der anderen Seite ist das Gras viel grüner. Köln, Lübbe 2011.
... Finden wir gut, weil es von einer Trainerin im Bereich GFK und NLP und einer Zeitreise handelt. Außerdem dürfen Sie auch mal zur Zerstreuung etwas anders lesen. Sicherlich eher für die weiblichen Leser interessant.

GERD GIGERENZER: Bauchentscheidungen. München, Goldmann 2008.
... Finden wir gut, weil Sie hier erfahren, warum und wann Sie auf Ihren Bauch hören sollten und wann nicht.

KLAUS GROCHOWIAK: Vom Glück und anderen Sorgen. Bern, Scherz 1996.
... Finden wir gut, weil es Ihnen viel über die eigenen Sabotagemuster und deren Auflösung zeigt.

KLAUS GROCHOWIAK: Die Arbeit mit Glaubenssätzen. Darmstadt, Schirner 2004.
... Finden wir gut, weil es hier einen großen und nach Kategorien eingeteilten Überblick über die verschiedenen Glaubessätze gibt und Ihnen viele Möglichkeiten zur Auflösung zeigt.

JÜRGEN HARGENS: Systemische Therapie ... und gut. Dortmund, modernes lernen 2003.
... Finden wir gut, weil Sie hier mithilfe von Hägar-Comics systemisches Wissen spielerisch erwerben können.

ANDREA KUNWALD: Win Win Woman – Managementhandbuch für Führungsfrauen. Berlin, Rotation 2011.
... Finden wir gut, weil weibliche Führungskräfte hier nützliche Werkzeuge zum Selbstcoaching erhalten und bei der Lektüre viel zu lachen haben.

ANNE LAMOTT: Bird by Bird. Some Instructions on Writing and Life. New York, Anchor Books 1995.
... Finden wir gut, weil die Autorin beschreibt, wie man Leben und Schreiben – gleichzeitig – unter einen Hut bringen kann.

ALAN LASTUFKA, MICHAEL W. DEAN: Youtube: An Insider's Guide to Climbing the Charts. O'Reilly 2008.
... Finden wir gut, weil sehr griffig und lustig beschrieben ist, wie aus YouTubern Stars werden können.

KLAUS LIEB, BERND HESSLINGER & GITTA JACOB: 50 Fälle Psychiatrie und Psychotherapie. München, Elsevier 2006.
... Finden wir gut, weil Sie damit noch besser einschätzen können, wann Sie als Coach an Ihre Grenzen kommen.

MICHAEL LARSEN: How to write a Book Proposal. Writer's Digest 2004.
... Finden wir gut, weil es eine tolle Anleitung für das Verfassen eines Buch-Exposés bietet – und vieles mehr.

JAY CONRAD LEVINSON & SETH GODIN: Das Guerilla-Marketing-Handbuch: Werbung und Verkauf von A bis Z. Frankfurt, Campus 2000.
... Finden wir gut, weil dieses Buch über Guerilla-Marketing wohl nie richtig alt wird.

MANFRED LÜTZ: Irre! Wir behandeln die Falschen. München, Goldmann 2011.
... Finden wir gut, weil Sie eine alternative Sichtweise über seelisch „kranke" Menschen gewinnen können.

EVELYNE MAASS & KARTEN RITSCHL: Coaching mit NLP. Paderborn, Junfermann 1997.
... Finden wir gut, weil dieses Buch so wunderbar strukturiert ist und Sie sich mal eben in der Mittagspause eine neue Coachingintervention aneignen können.

MICHAEL MILLER: Youtube for Business: Online Video Marketing for any business. QUE, 2011.
... Finden wir gut, weil es deutlich zeigt, wie YouTube geschäftlich erfolgreich genutzt werden kann.

JOSEPH O'CONNOR & JOHN SEYMOUR: Neurolinguistisches Programmieren: Gelungene Kommunikation und persönliche Entfaltung. Kirchzarten, VAK, 20. Aufl. 2010.
... Finden wir gut, weil Sie hier die NLP-Formate in spannenden Zusammenhängen erlernen können und Sie viel Hintergrundwissen über die Entstehung von NLP erfahren.

ALEXA MOHL: Der Zauberlehrling. Paderborn, Junfermann, 10. Aufl. 2010.
... Finden wir gut, weil das der Klassiker für NLP-Einsteiger ist.

ALEXA MOHL: Der Meisterschüler. Paderborn, Junfermann, 3. Aufl. 2006.
... Finden wir gut, weil dies der Klassiker für alle ist, die schon über das Wissen des Zauberlehrlings hinaus sind.

DAVID OGILVY: Ogilvy on Advertising. Vintage, 1985.
... Finden wir gut, weil der Autor der Guru für Anzeigen ist.

Susann Pásztor & Klaus-Dieter Gens: Mach doch, was *du* willst! Paderborn, Junfermann 2005.

... Finden wir gut, weil Sie die Gewaltfreie Kommunikation nach Rosenberg im Praxiskontext erleben können.

Manfred Prior: Beratung und Therapie optimal vorbereiten, Carl Auer 2006.

... Finden wir gut, weil es Ihnen nützliche Tipps für den so wichtigen Erstkontakt gibt.

Manfred Prior: MiniMax-Interventionen. Heidelberg, Carl Auer, 9. Aufl. 2011.

... Finden wir gut, weil Sie hier auf wenigen Seiten 15 tolle Interventionen sehen und sofort in den (Berufs-)Alltag übernehmen können.

Anthony O. Putman: Marketing Your Services: A Step-by-Step Guide for Small Businesses and Professionals. Deutsch: Marketing für Ihre Dienstleistungen: ein Leitfaden für Selbstständige und Unternehmer. Frankfurt, Campus 1992.

... Finden wir gut, weil es ein unerschöpfliches „How-to" für jeden Selbstständigen ist.

Christopher Rauen: Coaching-Tools. Bonn, managerSeminare 2011.

... Finden wir gut, weil Sie noch zusätzliche Interventionstechniken für Ihre Coachingpraxis entnehmen können.

Al Ries & Jack Trout: Positioning. The Battle for your mind. How to be Seen and Heard in the Overcrowded Marketplace. McGrawHill 2000.

... Finden wir gut, weil Positionierung für Selbstständige Arbeit ist, aber viel Spaß macht.

Christian Scheier & Dirk Held: Wie Werbung wirkt. Freiburg, Haufe, 2. Aufl. 2011.

... Finden wir gut, weil Sie hier spannende Informationen aus Sicht des Neuromarketing erhalten.

Christian Scheier & Dirk Held: Was Marken erfolgreich macht. Neuropsychologie in der Markenführung. Freiburg, Haufe, 3. Aufl. 2012.

... Finden wir gut, weil auch Marken spannend zu betrachten sind.

Fritz Scheuch: Marketing leicht gemacht. München, Vahlen, 6. Aufl. 2007.

... Finden wir gut, weil der Autor für jeden verständlich Marketing erklärt.

Wolf Schneider: Deutsch für junge Profis. Wie man gut und lebendig schreibt. Reinbek, Rowohlt 2011.

... Finden wir gut, weil niemand besser schreibt, wie man schreiben soll.

Wolfgang Schmidbauer: Hilflose Helfer. Reinbek, Rowohlt 1995.

... Finden wir gut, weil es für alle Coaches mit „Helfersyndrom" eine lehrreiche Lektüre ist.

David Servan-Schreiber: Die Neue Medizin der Emotionen. München, Goldmann 2006.

... Finden wir gut, weil Sie hier lernen, wie man Stress, Angst und Depressionen ohne Medikamente überwinden kann. Außerdem finden Sie hier Studien zu EMDR, das Thema Herzkohärenz und vieles mehr!

Francine Shapiro & Margot Silk Forrest: EMDR in Aktion. Paderborn, Junfermann, 4. Aufl. 2010.

... Finden wir gut, weil Sie mehr über die Entstehung von EMDR und die Behandlung von traumatisierten Menschen erfahren.

ANNETTE SIMMONS & DOUG LIPMAN: THE STORY FACTOR: Inspiration, Influence and Persuasion through the Art of Storytelling. Deutsch: Mit guten Geschichten Menschen gewinnen: der Story-Faktor. München, Piper 2004.

... Finden wir gut, weil Storytelling (Geschichten erzählen) eine so einfache wie gute Methode (im Marketing) ist.

INSA SPARRER: Wunder, Lösung und System. Heidelberg, Carl Auer, 5. Aufl. 2009.

... Finden wir gut, weil Sie hier durch die vielen Praxisbeispiele tolle Anregungen für die systemische Aufstellungsarbeit erhalten.

WALTRAUD TRAGESER & MARCO VON MÜNCHHAUSEN: Die NLP-Kartei – Practitioner-Set. Paderborn, Junfermann 2000.

... Finden wir gut, weil Sie als visueller Lerntyp hier die NLP-Formate grafisch und gut strukturiert überblicken können.

GISO WEYAND: Sog-Marketing für Coaches. Bonn, ManagerSeminare, 2. Aufl. 2011.

... Finden wir gut, weil die Rampensäue, die auch als Berater arbeiten, hier interessante Tipps erhalten.

TANJA: Das dürfte fürs Erste reichen. Wenn Sie dann noch Zeit und Lust haben, auch im Internet noch etwas Inspirierendes zu lesen, können wir Ihnen die folgenden Links empfehlen.

Interessante Links

Was?	Wer?	Link oder Info
Blog zum Thema Organisation für Büro und Privatleben (und dabei gar nicht langweilig)	Erin Doland und Team	↗ http://www.unclutterer.com
Blog, Artikel zum freien Download und viel Humor rund um die Themen Marketing & Verkaufen	Sean D'Souza	↗ http://www.psychot-actics.com
Blog zum Thema: Stories entwickeln und überzeugend präsentieren	Dr. Michael Gerharz	↗ http://www.ueberzeu-gend-praesentieren.de
Blog rund um Werbung, PR und Marketing	Roland Kühl von Puttkamer, J. Martin / Ralf Schwartz & Markus Röder	↗ http://www.werbeblog-ger.de
große Website (Artikel, Blogs) rund um das Thema: Marketing für Freiberufler	Robert Middleton	↗ http://www.actionplan.com
Alles Wissenswerte über NLP und kostenfrei: NLP-E-Mail-Training (50 Lektionen) und Podcasts	Stephan Landsiedel	↗ http://www.landsiedel-seminare.de
Blog über „(Internet-)Marketing und so was"	Nico Zorn	↗ http://www.nicozorn.de
Internetseite mit interessanten Informationen über die Coaching-methode wingwave	Cora Besser-Siegmund / Harry Siegmund	↗ http://www.wingwave.com
TANJA: Jetzt hat Ruth doch glatt unseren Auftritt vergessen – typisch ☺:		
Blog über das Making-of unseres Buches, mit weiteren, spannenden Marketinginformationen	Ruth Urban & Tanja Klein	↗ http://www.CoachYour-Marketing.de

Dank

Dieses Buch zu schreiben war für uns eine große Freude und ein echtes Herzensanliegen. Wir haben noch während des Schreibens unglaublich viel über authentisches Marketing gelernt. Es war ein großer Glücksfall, dass wir das Buch nicht in vier Wochen runtergeschrieben haben, sondern dass es in gut zehn Monaten parallel zu unserer Arbeit mit uns gewachsen ist – quasi berufsbegleitendes Schreiben. So konnten wir live und in Farbe alle Erkenntnisse festhalten.

Sicherlich wäre diese Zeit nicht mal halb so schön für uns gewesen ohne die im Folgenden genannten Menschen und Institutionen:

Unser Dank gilt zuerst den mutigen Coaches, die sich als Praxisbeispiele für unser Buch mit Geduld, Tipps und Tatkraft zu Verfügung gestellt haben:

Krishna Viswanatha, Melanie Moskob, Rosaria Bucceri, Julia Buchholz, Dennis Potrek, Nicole Boeglin, Gudrun E. Teipel, Désirée Holenstein, Dagmar Röcken, Gerhard Rieger, Bettina Zeidler und Frank Splitthöver, Elke Brunner, Imke Keil, Dirk W. Eilert und Gerda Ehrlich (genannt in der Reihenfolge ihres „Auftritts").

Ein herzliches Dankeschön auch an allen Seminarteilnehmer und Coaches, die wir in den letzten Jahren begleiten durften.

Ruth und Tanja bedanken sich gemeinsam bei:

- Henry, unserem „Mann" für die Technik, Troubleshooter und stillen Unterstützer
- Hawe – „The Databerata" – für die Entwicklung des tollen Fragebogens „I am"
- Dr. Dietrich für die Unterstützung und den Glauben an uns; auch dafür, dass ihn Tanjas „Mehrfachfettnäpfchen-Wetthüpfen" nicht von der Vertragsunterzeichnung abgehalten hat
- Heike Carstensen, unserer Lektorin, für die Geduld und Hilfestellungen vom Tag eins an
- Isabel Ferreira für das großartige Wohlfühl-Styling, wann immer wir es benötigten
- Cora Besser-Siegmund und Harry Siegmund für Tanjas Lieblings-Coachingmethode wingwave und Cora Besser-Siegmund für den Exkurs in diesem Buch
- Dirk W. Eilert für Support allover – und das nette Vorwort
- Anja Mumm, Achim Stark und Dr. Michael Gerharz für den netten Klappentext

- allen Fotografen für die Rechte der abgebildeten Fotos. Ein besonderer Dank geht an Nancy Weisse, die uns „unfotogene Kamera-Allergiker" so toll abzulichten wusste
- Barbara Kuster, Gerda Ehrlich und Dirk W. Eilert für die Möglichkeit, bei ihnen Seminare zu geben
- Susanne Neifer, denn ohne sie hätten wir uns – und Tanja ihr „sauleckeres" Mousse au chocolat nicht kennengelernt
- den Teilnehmern des Gründerworkshops DCV (14-15.07.2010) für den Erst-Test des Marketingfragebogens
- Eva Meffert für die Unterstützung während ihres Praktikums
- Michael Bischof und allen „Gipfelvergoldern" für ihre Arbeit
- Julia von Mulert-Strauven für die kompetente und nette Steuerberatung
- der Firma M.E. meworks – und besonders auch Sven Meurer – für die wunderschönen Filme
- Kristina Gardemann für das erste, großartige „komplette" Lektorat
- der Pizzaria Tuscolo für die erstklassigen Kohlenhydratschübe
- den Erfinder(n) von Coca-Cola für ihr wachhaltendes Getränk

Ruth: Ich danke

- meiner Familie in Kasbach, Bad Hönningen und Aachen – für immer offene Ohren und Türen
- Familie Klein, die mich allzeit großzügig in die Familie integriert
- den Berliner Freunden Dag, Gabriele Basch und Peter Friedl – die seit dem ersten Buchstaben des Buches nicht sehr viel von mir gesehen oder gehört haben
- Ruth und Markus Gelderblom: Ich bin so froh, dass Ihr (wieder) da seid!
- den Kölner Freunden Marion Scharmann, Freya Hattenberger und Peter Simon – die schönen Künste kamen ebenfalls deutlich zu kurz
- Melanie Moskob für Geduld – und ihr Lachen
- der Turbine Keyenberg-Himmelgeist – besonders Tamara und Thomas Detert für Wettkampfgeist und Freundschaft
- Monika Krüger für die freundschaftliche und tatkräftige Unterstützung
- meinem Bruder für den unerwarteten Motivationsschub zum Thema Blog
- meinem Anwalt Christoph Pie für freundschaftlichen Beistand mit Gelassenheit und Witz
- Dagmar Röcken und Gerda Ehrlich: Eure Gespräche inspirieren mich ganz besonders. Ihr seid eine Zierde für euren Berufsstand!

Tanja: „Ich wollt noch danke sagen ...“

- meiner bezaubernden Johanna, die sehr verständnisvoll ihre Mama etwas weniger als sonst gesehen hat und bei meinen „Aufregern“ über „das dümmste Schreibprogramm der Welt“ mir liebevoll im wingwave-Takt die Schultern geklopft hat
- meinem wunderbaren Mann Hawe, der von Anfang an mich bei meiner Berufung als Coach und jetzt als Autorin zu mehr als 100 % unterstützt hat
- den besten Patchwork-„Kids“ der Welt, Henry und Helen, und deren sympathischer Mutter Heike
- meiner Mutter für ihre Liebe zu mir und meiner jetzigen Familie und meinem Vater für die Gabe der „Wissens-Gier“ und die Möglichkeit zu wachsen
- meinem Bruder dafür, dass er immer für mich da war, wenn ich ihn brauchte, und meinen restlichen Geschwistern dafür, dass ich leben darf
- meiner Nichte Lisa und meinem Neffen Kevin, auch wenn wir uns selten sehen
- den besten Schwiegereltern der Welt: Antonius und Ulla und jetzt auch Doris
- Gaby Haak (Maharanis) und Carolin Schaefer (Carol Lines) für die schönen Kleider
- jedem einzelnen meiner Klientinnen und Klienten – im Alter von 2–66!
- allen Ausbildern: Oliver Müller, Anja Mumm, Jörg Abromeit, Frederic Linßen, Gerda Ehrlich, Cora Besser-Siegmund, Dagmar Röcken, Dirk W. Eilert, Ekkehart Padberg, Farida Tlili. Ohne Euch wäre ich nicht der Coach, der ich jetzt sein darf.
- allen beruflichen und privaten Unterstützern: Dr. Peter Strauven & Team, Daria Olszanska, Kurt Bedenk, Dr. Kai Höhmann, Robert Blens, Steff Adams, Thomas Menckhaus, Dorothee von Walderdorff, Ines Schulze-Schlüter, Birgit Pütz, Dörte und Klaus Schott, Heike Wenkel, Janet Minga, den wunderbaren Erzieherinnen in Johannas Kita, Jens Ostermann-Heimig, dem Team der VOB-Service GmbH, Meike Statkus, Jutta Reibold, Manoni und Tea
- allen langjährigen Freunden für ihre echte, wohlwollende Freundschaft: Andrea Kunwald, Andrea Heckelmann, André Latz, Anita Tawakley, Bettina Zeidler, Christiane Rossel, Regina Farrenkopf-Peukert, Eni, Alice und Michael Bischof, Gaby und Karl Haak, Janette Pangeran, Katja Höhborn, Maria Gödert, Nicole Dietrich, Imke Keil, Melanie Moskob, Uwe Srp, Krishna Viswanathan und natürlich auch hier noch mal: Ruth

Wir danken auch allen, die wir in unserem Schreibwahn aus Versehen vergessen haben! Bitte redet weiterhin noch mit uns – bei der nächsten Auflage seid ihr dann gerne auch dabei!

Foto- und Bildnachweise:

Wir haben uns bemüht, alle Fotografen unserer gezeigten Bilder ausfindig zu machen. Sollte uns etwas durchgegangen sein oder jemand seine Erwähnung vermissen, bitten wir um Nachsicht und Nachricht. Danke!

Kapitel 4
Fotos Tanja Klein © Sartor 2007, © Engel 2009, © Nancy Weisse 2012

Kapitel 7.1
Foto Krishna Viswanathan © Thomas Ortmanns
Foto Melanie Moskob © Nancy Weisse 2010
Foto Rosaria Bucceri © Elke Sckell 2011

Kapitel 7.2
Foto Julia Buchholz © Daniela Möllenhoff 2011
Foto Ruth Urban © Weisse 2011
Foto Dennis Potreck © Jan Steinhaus 2011
Foto Nicole Boeglin © Elke Sckell 2011
Foto Dennis Potreck © Urban / Klein

Kapitel 7.3
Foto Gudrun Teipel © Antje Kern 2011
Foto Desiree Holenstein © Fotoreutimann, Winthertur 2011
Foto Gerhard Rieger © Andre Boeck 2011
Foto Elke Brunner © Constanze Wild 2011
Fotos Comic © Nancy Weisse 2011
Foto Gudrun Teipel – Messebild © Teipel 2011
Foto Imke Keil © Keil 2011

Kapitel 7.4
Fotos Dirk Eilert © Bettina Volke 2011
Foto Gerda Ehrlich © Elke Sckell 2010

Kapitel 8
Fotos Gipfelgold © Gipfelgold 2011
Foto Keksausstecher-Set © Firma Staedler
Foto Keks © Ruth Urban 2008
Foto Gehwegbemalung © Tanja Klein 2010

Kapitel 9
Foto Fee © Johanna Klein 2011

Rückseite
Foto Ruth Urban / Tanja Klein© Nancy Weisse 2011